突出力
村上宗隆に学ぶ「自分の限界」の超え方

MUNETAKA MURAKAMI

追手門学院大学特別顧問
日本スポーツ心理学会会員
児玉光雄

2022年10月3日・神宮球場
土壇場で潜在能力の扉が開く。シーズン最後の打席で日本人選手最多記録となる56号本塁打を放つ（p.20）

2021年8月7日・横浜スタジアム

はじめに心ありき。そこから道は開ける。東京五輪・野球の決勝、対アメリカ戦。3回に放った本塁打で勝利に貢献(p.126)

☑ **2022年10月3日・神宮球場**

自分へのひたむきな期待が、「強運」を呼び寄せる。56号までに61打席を要したが、自身への大きな期待で乗り越えた（p.30）

2022年10月14日・神宮球場

「持っている男」は、いつだって全力疾走。一塁へのヘッドスライディング。逆転の敵失を誘う適時内野安打に笑顔を見せる(p.58)

はじめに――あなたにも簡単に「ブレイクスルー」が訪れる

２０２２年の村上宗隆は、まさに記録ずくめだった。史上最年少三冠王、日本選手最多56号本塁打をはじめ、５打席連続本塁打（プロ野球新記録）、14打席連続出塁（史上２位）、史上最年少１５０号本塁打などなど、数々の歴史に残る記録を打ち立てた。

村上の２０２２年シーズンの大きな飛躍は、まず第一に、目立たない地道な鍛錬のご褒《ほう》美《び》であると、私は考えている。

村上はまるで何かに取りつかれたように素振りに精を出す。明けても暮れても、心を込めて丁寧にバットを振り続けることができる。ひたすら「ホームランをできるだけたくさん打つ！」というシンプルなミッションを心の中に強く刻みつけ、地道な鍛錬を習慣化したから、野球の神様は、彼に数多くのタイトルというご褒美を与えたのだ。

２００４年シーズンに２６２本のヒットを打ってメジャーシーズン最多安打の記録を更新したイチローは、シーズン終了後のインタビューでこう語った。

「小さいことを重ねることが、とんでもないところに行くただ一つの道」（朝日新聞

DIGITAL　2004年10月3日）

　どんなにAI技術を駆使した練習法が進歩しようと、日々「自らの得意技を磨く」という地味な作業にたっぷり時間を注ぎ込むこと以外に、卓越したスキルを身につけることは不可能である。とはいえ、この作業自体は、その気になれば、誰でも、今すぐ、スタートできる。要は、それを習慣化するか、しないか。平凡な作業を、非凡に積み重ねることの大切さを、ぜひあなたも肝に銘じてほしい。

　そして、もう一つ、村上を超一流のアスリートに仕立てた要素は、自分を信じ、積極的失敗を積み重ねたこと。村上は、常に「できた」ことよりも「できないこと」に心を向ける。なぜなら「完成」は停滞につながり、「未完成」は進化につながることを知っているからだ。できないことに感謝して未完成であることを歓迎する。そんな心の持ち方が、村上を一段とスケールアップさせた。

　2022年シーズン、1918年のベーブ・ルース以来となる2桁勝利（15勝）、2桁本塁打（34本）の記録を成し遂げた大谷翔平（ロサンゼルス・エンゼルス）は、あるときこう語っている。

「どうしてできないんだろうと考えることはあっても、これは無理、絶対にできないといった限界を感じたことは一度もありません。今は難しくても、そのうち乗り越えられる、もっともっと良くなるという確信がありましたし、そのための練習は楽しかったです」

（TOWNWORK マガジン　2017年10月30日）

自分の潜在能力の開花というテーマに向き合って、日々の練習を積み重ねることしか、より高みに到達する近道はない。失敗を恐れず、飽くなき探究心を持ち続ける。これはスポーツの世界に限らず、ビジネスパーソンにとっても、もちろん大切なことである。

そして、最後にもう一つ、村上の躍進を支えているのは、周囲の人たちへの気配りである。ヤクルトの打撃投手として、村上の打撃練習に付き合う佐藤賢《まさる》は、村上の周囲への気配りにいつも心を打たれるという。

2022年9月の大阪遠征でのこと。当時、コロナ禍で選手たちは外出を制限されていた。突然、宿泊先の佐藤の自室に村上が差し入れした超高級店の焼肉弁当が届く。その時々に応じた、裏方への気配りがはんぱでないのだ。

佐藤はこう語る。

「100号とか150号という節目のタイミングや、表彰を受けた後などでいつも〝本当にありがとうございます〟という言葉をかけてくれます。そう言ってもらって報われると

いうか、ちょっとでも力になれているのかな、と嬉しい気持ちになります」（Number web 2022年9月26日）

私たちは、周囲の人たちに支えられて今がある。この世界で成功したかったら、謙虚さと、自分を支えてくれる周囲の人たちへの感謝の気持ちを片時も忘れてはならない。

この本で紹介した村上の考えは、そのままあなたの夢をかなえるヒントになるはずだ。彼の言葉から読みとれる夢のかなえ方を実践することにより、意外と簡単にあなたにも「ブレイクスルー」が訪れる。

2023年1月

追手門学院大学特別顧問
日本スポーツ心理学会会員　児玉光雄

CONTENTS

突出力

村上宗隆に学ぶ「自分の限界」の超え方

第1章

「夢のストッパー」を外して凄い成果を挙げよう

第2章

「進化欲求」を心の中に満たしてベストを尽くそう

第3章

「現状維持」という「快適領域」から飛び出そう

第4章

あなたを成功に導く「自己実現」の目標を見つけよう

第5章

壮大な「夢」を公言して行動を起こそう

第6章

「プレッシャー」を味方につけてベストを尽くそう

第7章

「周囲の人たち」の支援をエネルギーに変えよう

第8章

プロフェッショナルが語る 村上宗隆の「ここが凄い!」

カバーデザイン◉瀬川卓司（Killigraph）
本文デザイン・DTP◉桜井勝志（アミークス）
校　正◉谷田和夫
編集協力◉江渕真人（コーエン企画）
写　真◉時事通信

第1章

「夢のストッパー」を外して凄い成果を挙げよう

「もうあとがない！」土壇場《どたんば》で潜在能力の扉が開く。

結果的に最後の打席でホームランが打てたのは
自分でもびっくりしていますし、
最後のご褒美かなと思って素直に喜びたいなと思います。

（サンスポ　2022年10月4日）

（2022年シーズン、日本選手最多本塁打の記録達成の感想を聞かれて語った言葉）

シーズン56号ホームランという日本人選手最多記録まであと1本と迫ってから、村上を深刻なスランプが襲う。55号を打った9月13日の巨人戦以来、村上のバットから快音が聞かれることはなく、記録達成は10月3日のセ・リーグ最終戦であるヤクルト－DeNA戦までお預けとなった。注目の第1打席は二塁ゴロ、第2打席はレフト前ヒット、続く第3打席は一塁ゴロ。そして7回裏、村上にシーズン最後の第4打席が回ってくる。

先頭打者だった村上は、DeNA五番手の入江大生《たいせい》投手の初球、151キロのストレートを完璧にとらえ、ボールはきれいな放物線を描いてライトスタンドに運び込まれた。巨人の王貞治が1964年に記録した55本塁打を58年ぶりに更新したのだ。

2000年に開催されたシドニー五輪において、こんな事実が報告されている。トライアスロン競技の水泳で、自己の記録を更新する選手が続出したのである。

実は、競技が開催されたシドニー港には、当時人食い鮫の出没が認められており、選手たちは鮫に襲われまいと必死で泳ぎ、結果、自己ベストが続出したのだ。

実は、人間という動物は追い詰められれば追い詰められるほど、秘められた潜在能力が引き出され、自分でも驚くような凄い力を発揮できるようにつくられている。村上のように、最後の土壇場で最高のパフォーマンスを発揮するのが、一流の証《あかし》なのである。

自分をギリギリの状況に追い込んでみよう。

フラットな「平常心」が極限のプレッシャーを跳ね返す。

自分の中では最終打席だという思いもなかったですし、
自分の打撃フォームを修正しながらではないですけど、
きょうの練習と動画をいろいろ見て
感じたところを表現できたらいいと思っていたので。
最後だからという気持ちはなかったです。

（NHK NEWS WEB　2022年10月4日）

（日本選手最多本塁打の記録を達成した最終打席に立った時の心境を聞かれて）

神宮の空に舞い上がったボールが満員のライトスタンドに消えるまで、ホームベースに立ち止まっていた村上は、それを見届けると両手をポンと叩いたあと握りこぶしをつくり、満面の笑顔でスタンドのファンに向かって人差し指を立てた。

悲鳴にも似た声の大合唱の中で、村上はゆっくりとベースを一周し、自軍のベンチに戻ってきた。髙津臣吾監督をはじめ全選手がダグアウトから出て村上を迎えた。

髙津監督と抱き合ったあと、全選手とハイタッチ。つば九郎から56号ホームランの記念プレートを受け取ると、村上はいったんダグアウトに消える。しかし、これで、喝采が止むことはなかった。村上は再びダグアウトを出て両手を上げてファンに応えた。

バッターボックスに入ってからダグアウトに戻ってくるまでの村上の一連の動きを見ていて私が感じたのは、その意外なほどの落ち着きぶりだった。あと1本の56号本塁打を打つ最後のチャンスとなるであろう最高レベルのプレッシャーがかかる場面でも、村上は普段の気持ちを維持し、冷静にピッチャーと対峙することができたのだ。

ここ一番の極限状況では、冷静でいられるかどうかが勝負の分かれ目となる。「静」があってこそ、「動」に移ってからのインパクトは最大となる。土壇場の「平常心」こそが、凄いパワーを発揮する源泉なのである。

ここ一番での「平常心」の大切さ。

名誉やお金では得られない「もう一つの幸福」とは？

一番になるというのはすごく嬉しいこと。それを3つ獲れたのはよかった。本当に全部、嬉しかったです。

（スポーツマガジン11月号『村上宗隆 日本選手最多56本塁打&三冠王達成記念号』ベースボール・マガジン社）

（シーズンを終えて三冠王に輝いたことに触れて語った言葉）

２０２２年シーズン、村上と最後まで首位打者を争っていた中日の大島洋平は、10月2日、リーグ打率2位でシーズンを終えた。一方、村上は、翌3日のシーズン最終戦で3打席ノーヒットでも、大島の打率をわずかに上回ることがわかっていた。

しかし、もし4打席ノーヒットなら、大島の打率を下回る。はたしてその最終戦、第1打席凡打のあと、第2打席でヒットを放ち、これで村上は三冠王を決定的にした。

さらに、第3打席が凡打のあと、土壇場の第4打席でホームランを放ち、日本選手最多本塁打記録まで達成した。三冠王に加えて、同じシーズンに日本選手新記録まで打ち立てたのだから、まさに〝村神様〟の偉業だった。

だが、タイトルはあくまでも頑張ったご褒美に過ぎない。このことを熟知しているのが村上のような一流アスリートの特徴である。

アスリートにとってのタイトル獲得のように、名誉や金銭によって得られる「ドーパミン型幸福」はすぐに減衰し、不安定で脆《もろ》い。一方、健康を実感することで得られる「セロトニン型幸福」は持続性があり、とても安定している。そこで「セロトニン型幸福」を維持しながらベストを尽くす。そうすれば、「ドーパミン型幸福」が案外簡単に手に入るようになる。先立つものは健康――。これはシンプルにして普遍の真理なのである。

「ドーパミン型幸福」と「セロトニン型幸福」を理解する。

壮大な夢を描ける人、控え目な夢で我慢する人。

今シーズン、偉大な方の記録を破ることができて、
すごくうれしいですけど、もっともっと王さんや野村さん、落合さんと、
いろんな先輩方は、もっともっとすごい偉業を成し遂げていますし、
僕も偉業というか、これから続けていくことが大事なので。
もっともっと長いシーズン、
こういう成績を残せるように頑張りたいと思います。

（NHK NEWS WEB　2022年10月4日）

（「王貞治さんを超える56号という点についてはいかがですか?」という質問に答えて）

ここでもう一度、２０２２年の村上の三冠王達成の偉業を振り返ってみよう。プロ野球で三冠王が誕生するのは18年ぶり、しかも22歳での達成は史上最年少というおまけ付きだった。

その成績は、打率3割1分8厘、本塁打56本、打点１３４。打率こそ2位の中日・大島洋平に3割1分4厘まで肉薄されたものの、本塁打の2位は巨人・岡本和真の30本、打点の2位はDeNA・牧秀悟の87であるから、いかに村上の成績が凄かったかがわかる。

村上ほど壮大な夢を描けるアスリートは多くない。ところが、私たちの多くは、自分の夢を控え目に設定し、結果、潜在能力に蓋《ふた》をしてしまう。これでは、最初から夢の実現を諦めているようなものだ。

実は、夢にストッパーをかけるのは脳のメカニズムによる。

「無理をしてはダメですよ。そのほうがあなたの身のためですよ」という〝悪魔の囁《ささや》き〟が私たちを夢から遠ざけてしまっている。

もしもあなたが大成功を収めたかったら、村上のように潔く「夢のストッパー」を外してしまおう。「何事も控え目に」は、スポーツの世界ではもちろん、ビジネスの世界においても通用しないのである。

潔く「夢のストッパー」を外してしまおう。

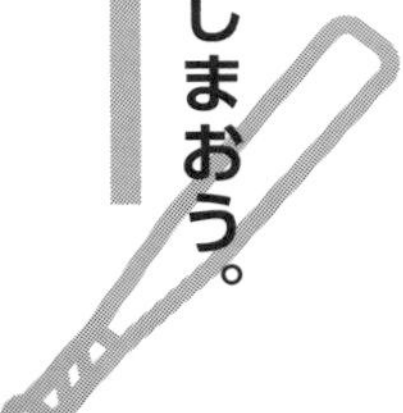

あなたの仕事に関わる、すべての人を感動させよう。

やっと打てたなと
長い一本だったなとホッとしました。
偉大な方の記録を破ることができて、すごくうれしい。
（スポーツマガジン11月号『村上宗隆 日本選手最多56本塁打&三冠王達成記念号』ベースボール・マガジン社）

（DeNAの入江大生投手から打った56号ホームランについて語った言葉）

村上が、２０２２年の最終戦の最終打席で放った記念すべき56号本塁打には、彼の思いがみごとに詰まっている。

「やっと打てた」という村上の言葉からは、55号から15試合61打席を要したこととともに、「感動的なホームランをヤクルトファンにできるだけたくさん見せたい！」という強い思いがうかがえる。その思いが、村上に厳しい鍛錬を課していると、私は考えている。

つまり、ファンの思いを理解し、「どうしたら楽しんでもらえるか？」という視点に立って考える。これは何も村上のようなプロアスリートだけの特権ではない。プロフェッショナルなら、自分に仕事があることに精一杯感謝しながら、仕事に関わるすべての人たちを感動させることの大切さをしっかりと自覚しよう。

あなたにとっての〝ファン〟は誰だろう。あなたの仕事に報酬を払う経営者や顧客はもちろん、あなたと一緒に仕事をしている上司・同僚・部下などである。

彼らを感動させることを四六時中意識しながら最高の成果を達成することこそ、一流人の共通点なのである。

あなたの〝ファン〟は誰だろう？

自分へのひたむきな期待が、「強運」を呼び寄せる。

自分の気持ちを変えるのも自分の気持ち次第。
もちろんいろんな人から、
たくさんの方から励ましの言葉をもらったりしますけど、
そういう気持ちは僕にしかわからないところもある。
僕自身が向き合って、僕自身の心で解決することが一番。

（サンスポ　2022年10月4日）

（「苦しい時に気持ちを変えてくれたのは？」という記者の質問に答えて）

別のところでも触れているが、村上は巨人の王貞治の記録である日本人選手最多の55号本塁打に並んでから猛スランプに陥り、あと1本の〝産みの苦しみ〟を味わった。

村上はどん底のスランプにあっても「僕自身の心で解決することが一番」と語る。裏を返せば、自分ならこの難局を乗り越えられる、克服できる、と自分への大きな期待を抱き、確信しているのである。

そのことに関連して、「運」に関する研究の世界的権威であるリチャード・ワイズマン博士は、こう述べている。

「運のいい人は、将来についてかなり前向きな期待をいだいている。自分の力で変えられることも、自分の力が及ばないことも、あらゆる場面で幸運が起こると考えているのだ。このような期待は、予言が当たるかのように自己実現して、夢を現実に変える」（『運のいい人の法則』ＫＡＤＯＫＡＷＡ）

シーズン最後の打席で夢を叶えた村上は、たぐいまれな野球の才能の持ち主であるのはもちろん、恐ろしいほどの強運の持ち主でもある。どんな逆境にあっても自分への期待を忘れない。そんな人間に幸運の女神は微笑むのだ。

運のいい人は未来の自分を前向きに評価する。

第2章

「進化欲求」を心の中に満たしてベストを尽くそう

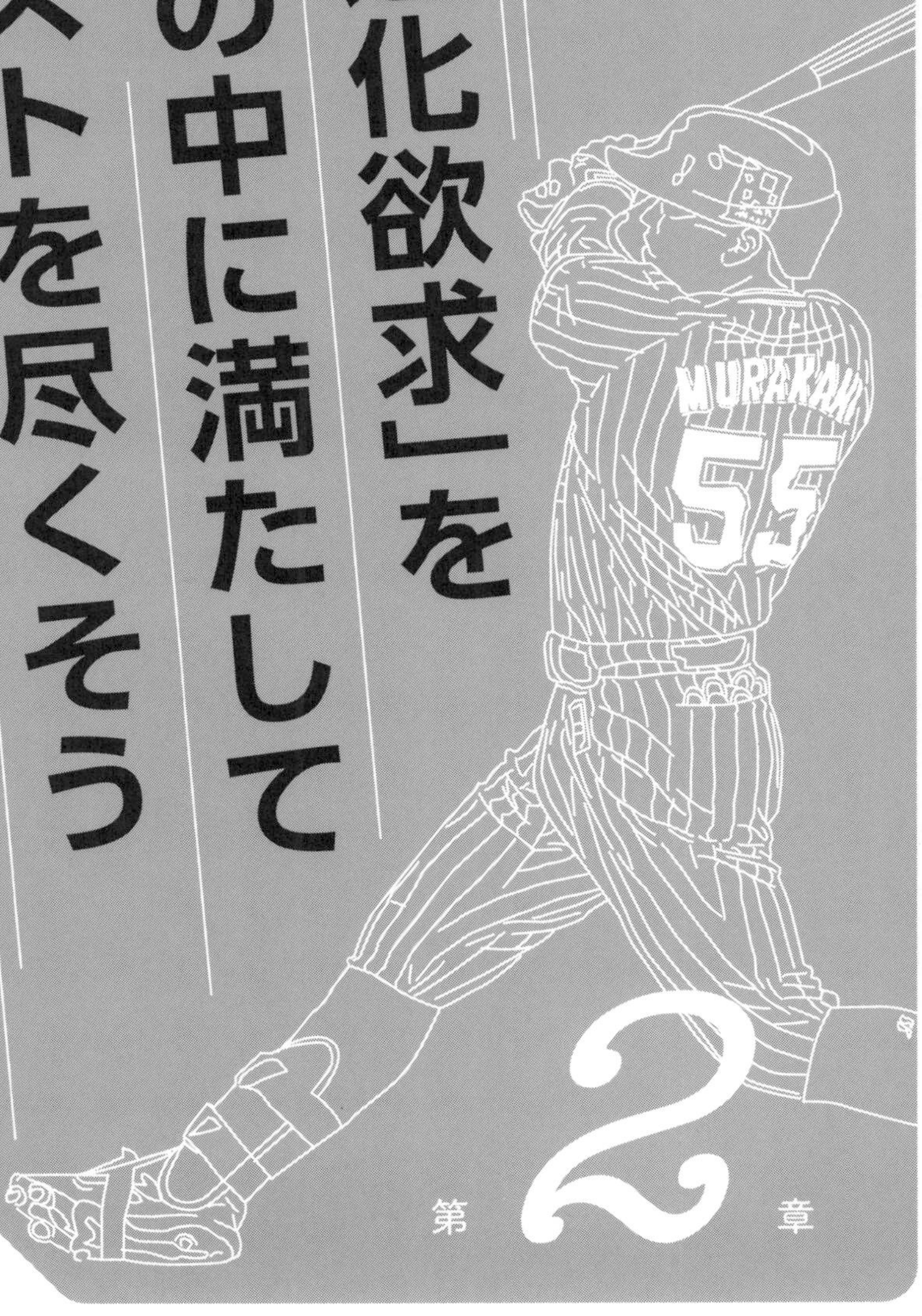

好ましい「信念」が、好ましい「願望」をもたらす。

いつか海外でも勝負したい。
でもまずは目の前の一日一日。来年（2023年）3月のWBCも、自分が引っ張れるよう今からしっかり準備したいです。

（日本経済新聞　2022年11月20日）

（三冠王のタイトルを獲得後の抱負について語った言葉）

２０２２年シーズンの村上の６月の成績は、打率４割１分、14ホームラン、35打点という素晴らしいものであり、文句無しの月間ＭＶＰを獲得。６月３日時点で、２割６分２厘に落ちていた打率を６月29日には３割２分まで引き上げ、その時点でトップだったDeNAの佐野恵太に１厘差まで肉薄する。

村上の躍進はそれだけに終わらなかった。続く７月、８月も快進撃が続き、みごと３カ月連続の月間ＭＶＰのタイトルを獲得した。こうして、かなり早い段階でホームランと打点のタイトルをほぼ手中にし、最終的に打率も、本書の第１章で触れているように、10月３日の最終試合で決着して三冠王のタイトルを手中にする。

マインドセット（信念、心構え、価値観など）は現在心理学の世界でもっとも注目されているテーマの一つである。この分野の権威であるスタンフォード大学心理学教授のキャロル・ドゥエック博士はこう語っている。

「人間の信念は、本人が意識しているといないとにかかわらず、その人がどんなことを望むか、そして、その望みが叶うかどうかに大きく影響する」

村上は「自分がプロ野球界を引っ張っていく」という確固たる信念があったから、史上最年少三冠王という偉業を成し遂げることができた。この事実を忘れてはならない。

今なぜマインドセットが注目されるのか。

どんな人も、ピンチの時には強くなる。

こういう時だからこそより一層、
一致団結してやることで力は大きくなるし強くなる。
その中心に僕がいることはホントに自覚していますし、
なんとかチームを勝たせられるような打撃をして引っ張っていけたら。

（『証言 村上宗隆 若き天才スラッガーの真実』宝島社）

（チーム内に多数のコロナ感染者が出た時に語った言葉）

２０２２年シーズン、７月９日と10日、ヤクルト－阪神戦はヤクルトのチーム内に多数の新型コロナウイルスの感染者が出たことを理由に中止となった。12日の対中日ドラゴンズ戦は雨天中止となり、チームは、７月８日の対阪神戦から18日の対巨人戦まで、間に三つの中止をはさんで、６連敗を喫した。

しかし、このチームのピンチも、悪いことばかりではなかった。二軍で好成績を挙げている選手にチャンスが回ってきたのだ。イースタン・リーグで盗塁１位、打率２位、出塁率１位だった大卒２年目の並木秀尊《ひでたか》がその好例である。試合再開後の対中日戦でプロ初スタメンを飾った並木は第２打席で三塁打を放ち、結果を出してみせた。

実は、「機」という漢字は、二つの意味を持つ。一つ目の意味は「危機」を意味する「ピンチ」である。そしてもう一つの意味は「機会」を意味する「チャンス」である。並木はチームのピンチを自らのチャンスとなし、みごとに期待に応えてみせた。村上が言うように、チームの力をさらに大きく、強くした。

つまり、ピンチとチャンスは同義語なのだ。村上のこの言葉からもわかるように、ピンチの時は、強くなれる時である。ピンチを好機ととらえてベストを尽くす。これは大切なことである。

「ピンチ」と「チャンス」は同義語である。

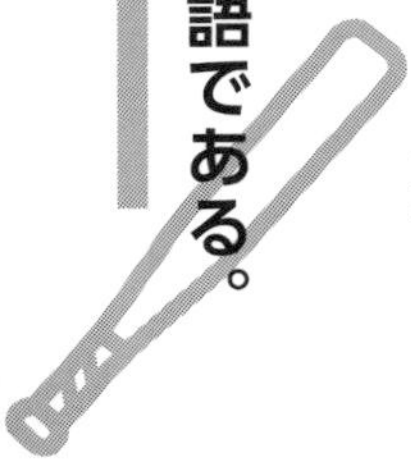

その日の良かったことを、強く記憶にとどめよう。

あんなの（今日のプレイ）で夢と感動を与えられたのかな？
とも思いますけど……（笑）、
僕のプレイでそんな風に思ってもらえたのなら、嬉しいです。
大袈裟《おおげさ》かもしれませんが、僕たちは日々、命をかけて目の前の
一試合一試合を戦っているので、そういう姿を見てもらいたいですね。

（マイナビニュース　2022年8月5日）

（「マイナビオールスターゲーム2022」第2戦のあとの記者会見で語った言葉）

２０２２年７月27日、松山・坊っちゃんスタジアムで行われたオールスターゲーム第２戦で、村上はセ・リーグの４番サードで先発出場。２打数２安打を記録して「ファンに夢と感動を届けた選手」に贈られるマイナビ賞を獲得した。このことについて語ったのが、右ページの言葉である。

村上は、「あんなの」と謙遜しているが、２打数２安打の中身が凄かった。パ・リーグを代表する投手であるロッテ・佐々木朗希とオリックス・山本由伸から放ったヒットだったのだ。村上にとっても記憶に残る１日になったことだろう。

村上のような一流アスリートは、その日に起こった良いことに強く反応してそれを記憶に残す術《すべ》に長けている。

眠る前に「ポジティブ日記」を書こう。やり方は簡単である。その日の一番良かったことを３行で記すだけ。そうすれば、気持ちよく眠りに入ることができるだけでなく、脳内に貯えられる幸福感も増して人生が楽しくなる。

著名な心理学者マーティン・セリグマン博士は、「楽観や悲観とは、成功や失敗を自分自身がどう解釈するかにある」と語っている。良いも悪いもその人の解釈次第。ポジティブにとらえれば、１日の出来事で良かったことを見つけるのは難しいことではない。

「ポジティブ日記」のすすめ。

辛い仕事を楽しくする秘訣とは?

僕は野球を仕事と思っていないといいますか……
こうして第一線で活躍できることはすごく幸せなことで、日々その楽しさや苦しさを感じながらやっているので、野球は自分の人生の一部になっています。

(マイナビニュース　2022年8月5日)

(「村上選手にとって、〝仕事〟とはどんなものでしょうか?」という質問に答えた言葉)

「マイナビオールスターゲーム２０２２」が開催された松山・坊っちゃんスタジアムには、村上のユニフォームを着た子どもたちがたくさん足を運んでいた。試合後、「村上選手に憧れる子どもたちに、どんな言葉を伝えたいですか？」という質問に、村上はこう語った。

「野球は本当に素晴らしいスポーツですし、僕たちもその魅力をどんどん伝えていきたい。10年後、20年後には、今日来てくれていたような子どもたちが光り輝く存在になると思いますし、野球の素晴らしさをこの先も一緒に作り上げていけたらなと思います」（同右）

仕事というものは、たいていは面白くないもの。日々同じルーティン作業の繰り返しである。村上にしても、素振りでバットを振り続ける作業は面白くないものであるはずだ。それでは、なぜ彼が日々この作業を丹念に持続できるのか？　それは村上のような一流のアスリートは「進化欲求」と「成長欲求」がとてつもなく強いからだ。

マグロは海の中を高速で泳ぎ続けなければ死んでしまうという。それと同じように、村上のような一握りのトップアスリートは、進化や成長しないことを自分に許さないのだ。その姿勢が、村上に「野球を仕事と思っていない」と言わしめている。「進化」と「成長」は、仕事を面白くする強力な要素である。

「進化欲求」と「成長欲求」を心の中に満たそう。

プライドを持った「エゴイスト（個性主義者）」は最強！

オリンピックはもちろんですけど、僕は普段から〝自分のプレーを通じて、多くの人に元気になってもらいたい〟と思っています。僕のプレーを見て〝また明日も頑張ろう〟と思ってもらいたい。僕の一打、守備、野球をしている姿で、みんなに勇気を与えられたら嬉しいです。

（文春オンライン　２０２１年９月11日）

（オリンピックへの意気込みについて語った言葉）

自分の個性を目一杯仕事で発揮させせよう。

２０２２年7月、髙津臣吾監督をはじめ、ヤクルトの多くのレギュラー陣が、コロナ感染により戦線から離脱する。そんな非常事態に、村上は堂々と4番打者のプライドを持ってバッターボックスに立ち続けた。特に注目すべきは、7月31日の敵地甲子園における3打席連続ホームランである。

この試合で村上はチームの全打点を叩き出し、逆転勝利に導いた。試合後のヒーローインタビューで、「4番のプライド」について聞かれて、村上はこう語っている。

「それぐらい責任を背負ってますし、そういう打順というのは自覚しているので」（スポーツマガジン11月号『村上宗隆 日本選手最多56本塁打&三冠王達成記念号』ベースボール・マガジン社）

プロフェッショナルにとってのプライドとは、長年の努力によって築き上げてきた仕事の成果を、自信満々の表情と態度で「報酬者」に示すことを言う。

日本では、エゴイストは、自分のことしか考えない「利己主義者」と解釈されがちだが、実際はそうではない。自分の個性を目一杯仕事で発揮させる「個性主義者」こそ、真の意味のエゴイストであり、その自覚がプライドを生み出している。

村上にとっての個性は「ホームラン」そのもの。それをできるだけたくさんファンに見せてやろうというプライドが、彼に凄い仕事をさせているといえなくもない。

四六時中、課題に没頭する人にブレイクスルーが訪れる。

4打席連続は意識していました。
今日ホームランを打つ夢を見ていたので、
もしかしたら打てるんじゃないかと思って打席に立ちました。

(web Sportiva　2022年8月3日)

(史上初の5打席連続ホームランを打ったあとのお立ち台で語った言葉)

２０２２年８月２日の対中日戦、この日、偉大な記録が生まれた。村上がプロ野球史上初の５打席連続ホームランという偉業を成し遂げたのだ。そのスタートとなった７月31日の阪神戦で、村上は７回、９回、11回に３連続ホームランを放つ。

そして迎えた８月２日の中日戦。初回に柳裕也のカーブを右翼席に運ぶと、３回には柳のチェンジアップに崩されながらも、左中間席へ５連続弾を放り込んだ。

試合後、村上は「体勢を崩されたけれど、左手の感覚も右手のフォロースルーもよかった。もしかしたら入るんじゃないかと」（Sponichi Annex　２０２２年８月３日）と語った。

別のところでも触れているが、村上は暇があったら野球のことを考えている。この大記録を成し遂げたのも、それと無関係ではない。

ＡＩ（人工知能）の目まぐるしい発達により、これまで人間が行ってきた多くの仕事は、加速度的にロボットやハイテク機器に取って代わられることになるだろう。

そんな近未来では、村上のように、夢に見るほどまでに目前の仕事にのめり込み、やるべきテーマを徹底的に絞り込んで、普段からそのテーマと正面から向き合い、格闘する人間だけが生き残れる。他人もＡＩも真似できないような特異なスキルを身につけた人間だけが求められるようになる。他に近道はないのだ。

他人が真似できない特異なスキルを身につけよう。

偉大なアスリートは、すべて「鈍感」である。

（記録のことは）知りませんでした。（中略）
5打席連続打てたらいいなというぐらいの気持ちで、
ちょっと狙ってましたけど、
それくらいの気持ちでいきました。

（サンスポ　2022年8月2日）

（「5打席連続ホームランがプロ野球新記録ということは知っていましたか？」という質問に答えて）

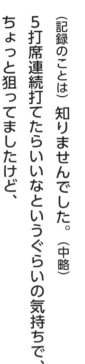

村上は、全国のプロ野球ファンも拍子抜けするくらい、いとも簡単に5打席連続ホームランを達成してみせた。１９３６年に日本プロ野球がスタートして以来、誰一人実現できなかった記録だ。メジャーリーグにおいても同様、１８７６年に開設されて以来、１５０年近い長い歴史の中でも、この記録を成し遂げた選手は存在しない。それくらいとんでもない快記録なのだ。

しかし、とうの村上は、歴史に名を刻んだゲーム後のお立ち台のインタビューで、その事実を「知りませんでした」と言ってのけている。

村上のようなトップアスリートに共通するのは、この村上の言葉に象徴されるような偉大なる「鈍感力」である。

もしも4打席連続ホームランを達成した時点でこの事実を知っていたなら、いくら土壇場に強い村上でも、プレッシャーに襲われ、本来のパフォーマンスが発揮できなかったことは十分考えられる。バッターボックスに立ったら、飛んできたボールをバットの芯でとらえること以外は、何も考えないし何も感じない――。そんな鈍感力が、とんでもない成果を引き寄せるのだ。

「鈍感力」でプレッシャー知らず。

「ゾーン」に入ったら、こんな心理状態になる。

自分でもびっくりして…
お、ホームランだって言う感じで…
恥ずかしいですね。しゃがんでました（笑）。

（BASEBALL KING　2022年8月28日）

（13打席連続出塁となるホームランを打ったことに触れて語った言葉）

２０２２年シーズン、村上がうち立てた数々の記録の中でも、案外見過ごされているのが、８月26日から28日までの対DeNA戦で記録した14打席連続出塁である。その内訳は、４ホームラン、５安打、５四球だった。これは２０１３年に広島の廣瀬純がマークした15打席連続出塁にあと１に迫る記録である。

間違いなくこの３連戦で村上は「ゾーン（アスリートが最高のパフォーマンスを発揮できる心身の状態）」にあった。「ゾーン」は、スポーツ心理学で未だ解明されていない最後のフロンティア領域である。「ゾーン」が訪れた時、アスリートは以下のような感覚を覚えるという。

・プレーがすべて自動的に行われた。
・頭がとても冴えわたっていた。
・これから起こることが予見できた。

では、どうやって「ゾーン」を呼び込むか。それには、頭を空っぽにして、目の前の作業にのめり込むこと。この作業を何度も繰り返し体験すれば、いつの日かあなたにも、「ゾーン」が降りてくる。

頭を空っぽにして、目の前の作業に没頭しよう。

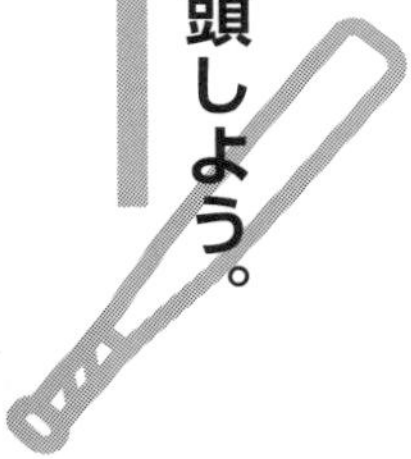

「心・技・体」は、まず「体」、次に「技」、最後に「心」。

日本代表は心技体、共にそろった選手が選ばれている。とにかく全力で頑張るだけ。

（デイリースポーツonline　2023年1月7日）

（正式にWBCメンバー入りが決まった日の取材に答えて）

スポーツ心理学の常識として、「心・技・体」の3要素がすべて最高レベルに達した時、「ゾーン」が訪れるとされている。２０２２年シーズンの村上に、何度もゾーンが訪れたことは、数々の記録が証明している。

村上は「丈夫な体に生んでくれた両親に感謝」と、あるインタビューで話しているが、「心・技・体」の中で優先順位をつけるなら、まず「体」だと私は考えている。いくら「心」と「技」が秀でていても、「体」が不十分では高いレベルのパフォーマンスは発揮できない。それどころか、競技に参加すらできないだろう。

そして、「体」が同じレベルなら、「技」が勝ち負けを決める。さらに、「体」と「技」が同じレベルのアスリートが競った時、「心」が最終的に勝敗の行方を左右する。

村上は「日本代表は心技体、共にそろった選手が選ばれている」と語っているが、誰よりも「心・技・体」の充実を感じていたのは、村上本人だろう。それを物語るように、村上は、同じ日の取材で「日本の4番を打ちたい」と胸を張った。

普段からこの3要素を意識し、最高レベルに維持するよう心がけよう。そうすれば、黙っていても目の前の仕事で凄い成果を挙げられるようになる。

「心・技・体」を最高レベルに維持しよう。

第3章

「現状維持」という「快適領域」から飛び出そう

チームの勝利を優先する人に、タイトルがついてくる。

負ければ苦しい戦いになると思っていたが、みんな集中していたし、絶対に決めるぞという思いでやってきた。優勝できて良かった。

（ニッカンスポーツ・コム　2022年9月25日）

（2022年、セ・リーグ優勝を決めたあとに語った言葉）

２０２２年９月25日、ヤクルトはリーグ２位のDeNAとマジック２で激突、サヨナラ劇を演じて、２年連続９度目のセ・リーグ優勝を飾る。ヤクルトの連覇は、野村克也監督時代の92、93年以来、２度目のことになる。

８回までDeNA投手陣に、３安打無得点に封じられていたヤクルト打線は、０－０で迎えた９回裏、DeNAの３番手E・エスコバーをとらえる。先頭のオスナがショートへの内野安打で出塁。代走に、前日、負傷交代した塩見泰隆が送られる。中村悠平が１球で送りバントを決めると、途中出場のドラフト２位ルーキー丸山和郁《かずや》が左中間を破るサヨナラ二塁打。二塁から塩見が歓喜の生還を果たした。

村上の個人記録だけが独り歩きしているように見えるが、実は村上の脳裏には、常に「まずはチームの勝利のために」という熱い思いがたぎっている。チームの勝利があってこその個人記録であり、その逆ではないのだ。

だから、村上は誰よりも他のチームメートの力を信じている。「みんな集中していたし、絶対に決めるぞという思いでやってきた」という右ページの言葉にもそれが読み取れる。メンバーの個々が、貪欲に勝利をもぎ取るために全力を尽くす。その結果ついてくるのが、優勝であり、個人タイトルなのだ。

チーム全員で貪欲に勝利をもぎ取ろう。

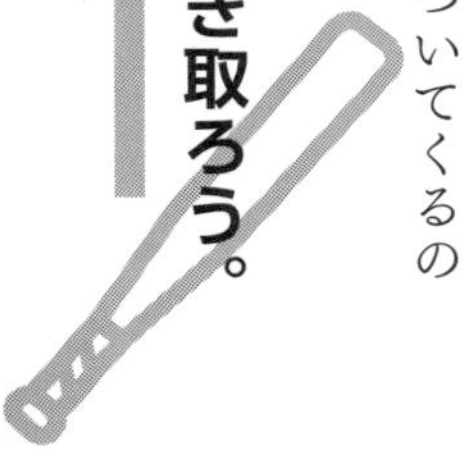

「プレッシャーは大歓迎」な人がチャンピオンになる。

もっともっと押しつぶされるくらいプレッシャーをかけてほしい。
皆さんの期待に応えられるように頑張りたい。
記録に挑戦できるのは僕しかいないので、
挑戦できることに幸せを感じながら、
「自分ならできる」と信じて頑張りたい。

(NHK NEWS WEB　2022年9月26日)

(最多本塁打の記録更新に足踏み状態だった時の心境を語った言葉)

多くの人たちがプレッシャーを悪者扱いする。これを毛嫌いして、とことん避けようとする。

しかし、プレッシャーは本当に悪者だろうか。真実は、プレッシャーがかかると力が発揮できないのではなく、プレッシャーがかかると力が発揮できないと考えるから、力が発揮できなくなるのだ。

右の言葉から読み取れるように、村上は、「プレッシャーはホームランを打つために不可欠なエネルギー源である」と考えている。これから逃げるどころか、こっちから掴まえにいっている。

プレッシャーに弱く、それに押しつぶされる傾向のある人は、「うまくやらなければならない」という気持ちが強過ぎる。あるいは、周囲の人たちの目を気にし過ぎるあまり、「失敗は許されない」と身構えてしまい、焦りや集中力の欠如を生み出し、結果深刻なスランプに陥ってしまう。

村上のように、今あるプレッシャーを歓迎しよう。プレッシャーこそあらゆる成果と達成のエネルギー源なのである。

プレッシャーを味方にして壁を破る。

「持っている男」は、いつだって全力疾走。

何とかあそこで打って決めたいという思いだった。前の各打者が必死に必死に粘って、何とかつなぐんだという姿勢を間近で見ていたので、その気持ちを背負って打席に立った。

(サンスポ　2022年10月15日)

(一塁へのヘッドスライディングにより逆転した試合を振り返って語った言葉)

2022年10月14日、阪神とのセ・クライマックスシリーズ・ファイナルステージ第3戦の7回、3点を追うヤクルトは、1点差に詰め寄り、なおも2死満塁。そこで村上に打順が回ってきた。

村上が打ったボールは、推定飛距離2メートルの超ボテボテの投手ゴロ。全力疾走の村上は、一塁へ執念のヘッドスライディング。慌てた阪神の投手・浜地真澄がグラブトスしたボールはファウルゾーンを転々。その間に塁に出ていた走者がすべて本塁に生還し、この回に一挙5得点で逆点した。

結局ヤクルトは阪神を6－3で下し、リーグ優勝によるアドバンテージを加えて4勝0敗とし、2年連続で日本シリーズ進出を決める。

試合後、高津臣吾監督は、「素晴らしい当たり、素晴らしいヘッドスライディング。持っている男」(同右)と、村上を絶賛した。

スポーツの世界では、「失敗」と「成功」は、たいてい〝紙一重〟である。だから、村上のような一流アスリートは、どんな状況でも、1ミリも手を抜かずに全力を尽くす。一方、二流のアスリートは、十分な能力を備えていても、無意識に手を抜く癖がついてしまっている。一流と二流の差も、まさに〝紙一重〟なのがスポーツの世界なのだ。

どんな状況でも決して手を抜かない。

チームスポーツでも、「個の力」が優先する⁉

とにかくチームを勝たせることを僕自身一番思っているので、どんな打順、守備位置でもいつでもいけるんだという準備をしている。とにかくチームに必要とされて勝たせられる選手になりたい。

（BASEBALL KING　2022年11月6日）

（侍ジャパン強化試合後の記者会見で語った言葉）

日本のスポーツ界では、まだまだ「チームワーク」という言葉が幅を利かせている。チーム全体の「和」を大切にする考え方である。

何事にも「和」を重んじる日本人らしい発想だが、チームの「和」を最重視するチームに、強いチームは存在しない。結局、野球のようなチームスポーツにおいても、「個」が優先するのだ。

たとえば、アメリカのメジャーリーグの監督が、試合前に選手を集めて、「チームワークを最優先して勝利するぞ！」と叫ぶことはない。

なぜなら、一人ひとりの選手が、自分の力を目一杯発揮すれば、自然にチームはまとまることを知っているからだ。チーム力は、個々の選手にのびのびと、言葉は悪いが、好き放題に、プレーさせることで強化されていくのである。

村上のように「チームを勝たせる」というミッションをチーム全員が共有し、それに向かって、一人ひとりのプレーヤーが自分の力を出し尽くす。そこに自然と「まとまり」、すなわち「和」も生まれる。そんなチームに勝利が転がり込んでくる。

「和」を重んじるチームに強いチームは存在しない。

「画像記憶」を活用して、創造力をアップ！

映像を見て、打席に立った感覚と照らし合わせたり。WBCに向けてしっかり調整できるように。最後の実戦なので（明日も）自分のやるべきことをやるだけかなと思います。

（Sponichi Annex　2022年11月9日）

（「侍ジャパンシリーズ2022」の試合後のインタビューで語った言葉）

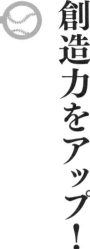

侍ジャパンは、２０２３年3月開催予定のＷＢＣに向けて、２０２２年11月に「侍ジャパン強化試合」を2試合、「侍ジャパンシリーズ」を2試合行った。村上は3試合に出場し、４ホームラン、11打数5安打、６打点と大活躍した。

その試合後のインタビューで、村上が、ＷＢＣに向けての準備の一つとして、映像を見ることを挙げているのは興味深い。

村上の趣味は自分のスイングの映像を観賞することだという。放っておけばいつまでも見続けることができる。自らのプレーを映像で確認する習慣は、メジャーの大谷翔平をはじめ、多くの一流アスリートが身につけている。

スポーツにおける身体の動きは、言語ではなく画像によって脳内で処理され、記憶される。それだけでなく、脳の出力の典型例であるひらめきや直観も、言語ではなく画像により出力されることがわかっている。こうした理由から、「画像記憶」がスポーツ上達や、創造力開発の鍵を握るものとして、各界で注目を集めているのだ。

ＩＴ技術の普及により、文字を通じての知識は簡単に無償で手に入る時代となり、その価値は急速に低下しつつある。これからの時代に求められるのは、画像処理に長けた人間であることは間違いない。それは何もスポーツの世界に限ったことではないのだ。

「文字」より「画像」を制するものがＩＴ時代を制する。

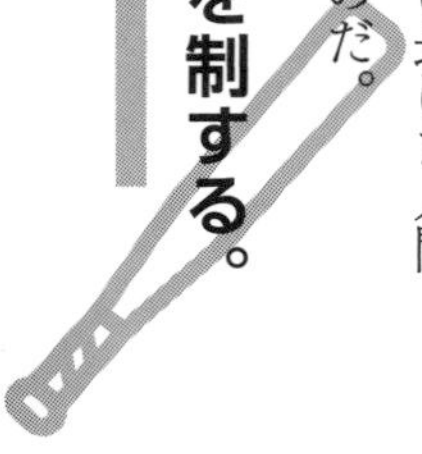

負けたらいつまでも落ち込む人、すぐリベンジに燃える人。

日本一になれなかった悔しさは凄くある。
来年はリーグ3連覇と、日本一を取り返しに行きたい。

(Sponichi Annex　2022年11月15日)

(日本記者クラブの会見で、来季の目標について聞かれて語った言葉)

2年連続同一カードになった2022年の日本シリーズは、オリックスが4勝2敗1分でヤクルトに勝利。村上の成績は7戦で26打数5安打、1ホームランに終わり、オリックス投手陣に軍配が上がった。

球団史上初の日本シリーズ連覇の夢を逃した髙津臣吾監督は、終始涙をこらえながら、「やっぱり悔しいね。昨年勝てて、オリックスは同じ相手で、彼らは昨年こういう気分だったのかなあと。この悔しさを絶対に忘れちゃいけないなと思いました」（スポーツ報知2022年10月30日）と語った。

負けて悔しいのは誰しも同じである。問題はそのあと。悔しさを、リベンジの原動力にできる村上や髙津監督は、やはり典型的なポジティブ思考の持ち主と言える。

「ポジティブ心理学」の世界的権威バーバラ・フレドリクソン博士は、「ポジティビティ（自己肯定的な心の状態）」の効果について以下のように述べている。

①ポジティビティは気分が良い、②ポジティビティは未来を変えてくれる、③ポジティビティはネガティビティ（自己否定的な心の状態）にブレーキをかけてくれる。

ポジティビティに満ちた人間は、負けてもいつまでも落ち込まない。すぐ切り替えて、未来に向けて明るいビジョンを描く。だから、良いことがどんどん起こるようになる。

自己肯定感に満ち溢れた思考を身につけよう。

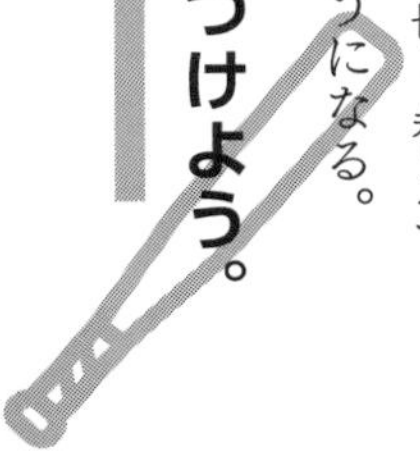

「内発的モチベーション」で、ドーパミンが大放出！

あんまりピンとこないですね。
そういう言葉が浸透するのはうれしいことなので、
（大賞を）獲れたらいいなと思います。

（Sponichi Annex　2022年11月15日）

（「村神様」が「ユーキャン新語・流行語大賞」候補にノミネートされたことについて語った言葉）

２０２２年度の「ユーキャン新語・流行語大賞」の年間大賞に、「村神様」がみごと選ばれた。野球界としては、前年の「リアル二刀流／ショータイム」に続く2年連続の大賞受賞である。

２０２２年シーズン、村上は野球関係の数々の受賞以外にも、ヤクルトとトップスポンサー契約をしている不動産会社から、日本選手シーズン最多本塁打記録更新・最年少三冠王のご褒美として、「3億円の東京の家」を贈られることになった。それに加えて、この大賞受賞である。令和4年を代表する流行語としても、その名を刻むことになったのだ。

これだけの栄誉を独り占めにした村上だが、それで満足し、野球へのモチベーションを下げてしまうような男ではない。村上を本気にさせているのは、年俸やタイトルといった、目の前にぶら下がる「外発的モチベーション」ではなく、内面から湧き上がる「内発的モチベーション」に違いないからだ。

内発的モチベーションは強烈である。その結果得られる自己実現や有能感などによる幸福感が、ドーパミンという「やる気」を最大化させる神経伝達物質を脳内に大量に分泌させる。それが、さらに凄い仕事をさせてくれるのだ。

「自己実現」や「有能感」を心に満たそう。

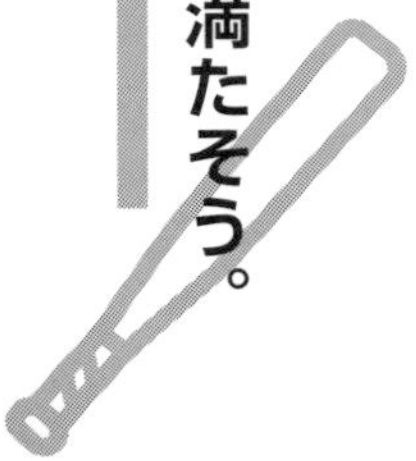

できる人の「真似をする」ことで、簡単スキルアップ。

一緒に戦いたい。一緒にプレーできるのはなかなかない。感じる部分がたくさんあると思う。その幸せを感じながら頑張りたい。試合中の打席や練習、全て見たい。

（Sponichi Annex　2022年11月27日）

（2023年のWBCに大谷翔平と共に出場することについて語った言葉）

村上は大谷の打撃フォームに大きな影響を受けている。特にヒントになったのは、大谷の左足の使い方。

第8章の項目でも触れているが、村上の場合、右足を踏み込むと、軸足である左足はそのままの流れで自然に回転する。一方、村上に言わせると、大谷は「右足を踏み込んでいく時にわずかだが左足を少しだけ引き、後ろに戻る」と言うのだ。

村上は、この動きを真似て繰り返し練習し、自分の打撃フォームに取り入れた。おかげで、左足が後ろに戻ることによって、速球に差し込まれても、レフトスタンドへ流し打ちができるようになったという。

尊敬する先輩選手たちのテクニックを取り入れるのは、スポーツの世界では珍しくない。村上のお手本となった大谷も、ダルビッシュ有（サンディエゴ・パドレス）の動画を研究し、セットポジションからの投球術を身につけたと語っている。

「学ぶ」という言葉の語源は「真似ぶ（真似る）」であるという説がある。「真似る」という作業を馬鹿にしてはいけない。自分がスキルアップしたかったら、村上のようにお手本を見つけて積極的に真似をしてみよう。自分のプラスになるような情報を選別し、これを徹底的に脳に叩き込む。それが真似る、すなわち学ぶことの本質なのだ。

「真似る」は「学ぶ」に通じる。

自己暗示には、プラス面とマイナス面がある。

年齢だとか年数というのは、
プロの世界で試合に出ている以上は関係ないことだと思っています。
だから、〝自分はまだ何年目だから……〟という甘えを持つことなく、
自分がチームを引っ張って、
勝利に貢献したいという思いは変わらずに持っています。

（『証言　村上宗隆　若き天才スラッガーの真実』　宝島社）

（普段大切にしている心構えについて語った言葉）

村上は入団2年目の2019年シーズンに、19歳で早くも本塁打と打点でリーグ3位の成績を残した。初の本塁打王になったのが21歳、三冠王の獲得にしても、わずか22歳で成し遂げている。

村上の脳裏には「自分はまだ2年目だから」とか、「まだ若いから」といった考えは存在しない。それがマイナスの自己暗示となり、村上が言うように甘えが出たり、積極性を抑制するから。逆に「自分がチームを引っ張って、勝利に貢献したい」という強い思いは、プラスの自己暗示となり、その目標に自分を近づけてくれる。村上はこうした自己暗示の働きを熟知しているのだろう。

自己暗示はスポーツ心理学の歴史の中でも、これまで過小評価されてきた分野である。自己暗示は、使い方によってはその人の能力を奪いもすれば、夢を実現する強烈な要素にもなる。まさに使い方次第の〝諸刃《もろは》の剣〟なのだ。

ドイツのヨハン・シュナイダー博士は、「自己暗示が上手な人間ほど、壁にぶつかった時にその壁を乗り越えようとする意欲が強い」と語っている。「自己暗示の達人に怖いものなし」と言っても過言ではない。

自己暗示を駆使して困難な壁を乗り越えよう。

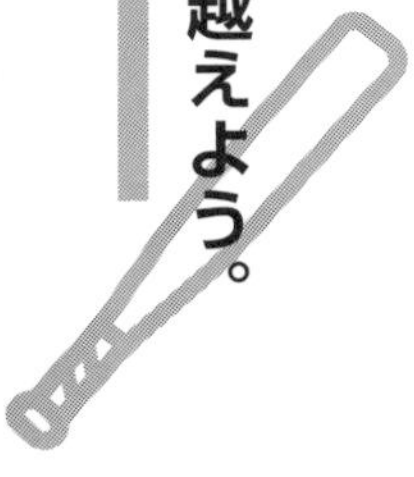

達成意欲が極めて強い「オーバーアチーバー」の正体。

それだけの成績は残したと思っているので。何もせずにいきなり6億入ってきたらビックリしますけど、こっちも頑張ったので。

（ニッカンスポーツ・コム　2022年12月9日）

（2022年12月9日の契約更改後のインタビューで語った言葉）

２０２２年12月9日、村上は都内の球団事務所で契約交渉を行い、年俸6億円プラス出来高払いの3年契約を結んだ。２０２２年シーズンの年俸が2億2千万円だから、3億8千万円の大幅アップであり、それまでの球団の最高年俸、山田哲人の5億円を上回る、外国人選手も含んだ球団最高年俸額となった。

これまでの入団6年目の最高額は、大卒6年目の巨人・菅野智之の4億5千万円、高卒6年目のオリックス・山本由伸の3億7千万円だった。村上の6億円という数字がいかに破格のものだったか、裏を返せば、２０２２年の彼の記録がいかにすさまじかったかがよくわかる。

人間は、ともすれば「現状維持」という「快適領域」に安住する動物である。しかし、それでは自己成長は望めない。常に失敗を恐れず「変化」を求めて「進化領域」で格闘する者だけが、さらなる高みに自分を引き上げることができる。私はこうした一握りの集団を「オーバーアチーバー（極めて達成意欲の強い人間）」と呼んでいる。

この人たちの特徴を並べると、①目標水準が極めて高い、②逆境を好み、そこから飛躍のヒントをつかむ、③強烈な自己実現の欲求を持っている、となる。もちろん、村上がとびきりのオーバーアチーバーであることは論を俟《ま》たない。

「現状維持」という「快適領域」に安住しない。

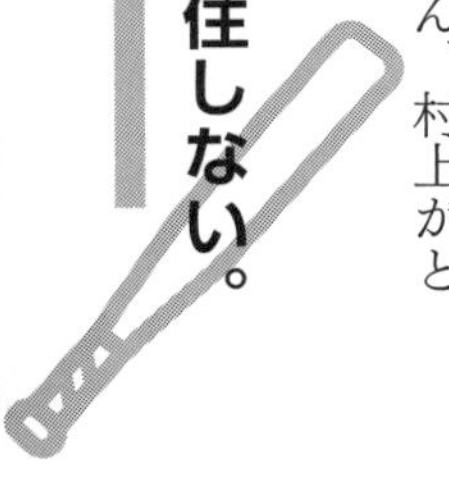

自分に限界を与えているのは自分自身。

アメリカでプレーする権利を得るのは限られた選手なので、もちろん挑戦したい思いはあります。早ければ早いほどいいなと思っている。

（ニッカンスポーツ・コム　2022年12月9日）

（2022年の契約更改時に、将来のメジャー挑戦について語った言葉）

先の項目で紹介したように、2022年の契約更改で、村上は契約期間3年でサインした。実は、「3年」という数字は、村上のメジャー挑戦の夢を反映したものだった。

メジャーには「25歳ルール」というものが存在する。これは主に中南米の若手選手の契約金高騰に歯止めをかけるために、2016年に設けられたもので、25歳未満、またはプロ生活6年未満の選手は、マイナー契約しか結べないというものだ。ヤクルトの球団側は、村上がメジャー移籍時に年俸が低く抑えられるのを避けるため、シーズン終了時点で25歳になる3年契約という道筋をつくったのだ。

村上の2023年シーズンの目標は「キャリアハイ」だという。そして25歳になる2025年には、メジャー移籍という最高の目標を掲げた。

残念ながら、一握りの成功者以外、自分を過小評価している。自分に限界を与えているのは、自分自身なのだ。控え目な目標を設定して、それを達成しただけで満足している。

心理学者R・マートンは、目標設定水準と動機付けレベルの関連性について、「動機付けのピークは、もっとも困難な目標値よりもほんの少しだけ低いレベルのところに存在する」と述べている。この「ほんの少しだけ低いレベル」の匙《さじ》加減を覚えれば、最高の達成感を味わうことができるようになるだろう。

最高の結果を生む目標設定水準の決め方。

第4章

あなたを成功に導く「自己実現」の目標を見つけよう

ライバルと競い合うことで「潜在能力」が開花する。

1年目2年目に出場していた清宮選手を見て
すごく悔しい気持ちはありましたが、
「今に見とけよ！」という気持ちは常にありましたね。

（上田剛史 YouTube『プロ野球選手対談　村上宗隆選手編①』）

（ヤクルトの先輩・上田剛史との対談で「ライバル意識」について語った言葉）

ここで村上と、日本ハム・清宮幸太郎のこれまでの道のりを比較してみよう。二人は、ともに２０１７年に高卒ルーキーとしてプロ野球入りしたライバル同士だ。

高校時代は、明らかに清宮のほうが注目を浴びていた。彼は高校通算１１１ホームランという記録を引っ提げて、日本ハムに鳴り物入りで入団する。

1年目、清宮は一軍での活躍が目立ったが、村上の活躍の場は二軍中心だった。それでもこの年、イースタン・リーグの優秀選手賞、新人賞、努力賞に輝いた。

2年目以降、清宮は壁にぶち当たる。一軍と二軍を往復するシーズンが続き、２０２１年シーズンには、一軍に昇格することはなかった。

一方、その後の村上の躍進は目覚ましく、二人のライバル関係には明らかな差がついた感があった。だが、村上の大活躍に刺激を受けた清宮は、２０２２年シーズンに過去最高のパフォーマンスを発揮。自身初の１００試合以上出場を果たし、ホームランも18本と初めて2桁に乗せた。

あなたにとってライバルは誰だろう。ライバルに負けたくないという意識が、その人間の潜在能力を開花させる。組織内だけでなく、自分の仕事におけるライバルを見つけ、追いつき追い越す精神を持ちながら仕事にのめり込む。そのパワーは計り知れない。

ライバルに負けたくないという気持ちを大事にしよう。

「兄弟愛」をもらってパワーに変える。

弟は弟なのですが、〝村上の弟〟と言われて、すごく大変だと思うので、皆さんにはシンプルに一人の高校球児としてプレイを見てあげてほしいです。自分たちでつかみ取った甲子園という舞台で悔いなくプレイして、楽しんでほしいですね。

（マイナビニュース　2022年8月5日）

（弟の村上慶太が甲子園出場を決めたことについて語った言葉）

村上は3人兄弟の2番目であり、兄は社会人野球でプレーしていた友幸、そして弟は村上と同じ熊本県の九州学院高校野球部でプレーしていた慶太である。3人そろって規格外の体格を誇り、村上と慶太で寿司屋に行った時に、2人で100貫を食べたというエピソードがある。

慶太が所属していた九州学院は、2022年夏の甲子園大会の準々決勝で、聖光学院（福島）に敗れたものの、ベスト8に入った。3年生だった慶太の最初で最後の甲子園の成績は、12打数3安打1打点であった。慶太は、プロ志望届を提出していたが、ドラフトで指名されることはなく、日大に進学する。元々九州学院は、進学志向が強く、慶太も大学野球や社会人野球を経て再度ドラフトにチャレンジする可能性が高い。

慶太は村上を「ムネニイ」というニックネームで呼び、とても慕っている。甲子園の準々決勝で敗れた試合後、慶太は「道具だったりとかいろいろしてもらって、結果で恩返ししようと思っていたんですけど、恩返しすることができなくて本当に悔しいです」（サンスポ2022年8月18日）と涙を流した。

今の村上の成功は、小さい頃から切磋琢磨《せっさたくま》した、仲の良い兄と弟の存在なくしてはありえなかったはず。兄弟愛というパワーをもらって、村上の躍進はまだまだ続く。

互いに切磋琢磨した村上三兄弟。

「善意」と「親切」が幸福感を育てる。

多くの熊本の方に支えていただき、今の自分があります。
だから「熊本のために何かしたい」という思いが強く、
本当に微力ではありますが、
熊本のシンボルである熊本城の復興支援を続けさせてもらっています。

（『気になる！くまもと』1009号 2022年3月24日）

（熊本城の復旧を支援をしていることについて語った言葉）

村上が高校2年生だった2016年4月、地元熊本を立て続けに二度の大きな地震が襲う。この地震で、熊本城は天守閣や石垣をはじめ、全域的に大きな被害を受けた。プロ2年目の2019年、村上は入団以来2年間のホームラン（1本につき1万円）と打点（1点につき5千円）の数に基づいた、合計86万円を熊本城復旧支援のために寄付した。さらに、復旧が完了するまでの現役続行と継続支援を誓った。村上のこうした一連の善意の行為が、彼の凄い成績とリンクしていると私は考えている。

多くの心理学の実験で、誰かに親切にしたり、誰かを支援することにより、自分自身の幸福感が著しく増すことが証明されている。

米カリフォルニア大学のソニア・リュボミアスキー博士は、こんな実験を行った。

まず、大学生を対象に、「親や先生に対して感謝の手紙を書くグループ」と「先週起こったことを書くグループ」に分けた。そして、彼らにどんなことでもよいので次の週に誰かに親切にするように指示した。結果、前者のグループは明らかに後者のグループよりも親切な行動に多大の労力をかけた、ということがわかったのだ。

感謝が親切を生み、親切が幸福感を生む。これは幸福感を育てる習慣の一つとして覚えておいてよい事実である。

お世話になった人に感謝の手紙を書いてみよう。

自分の才能を信じる人は、逆境でも落ち込まない。

高校時代はどちらかといえば「悔しい」思い出の方が多いです。
（中略）でも、周りにすごい選手、ライバルがたくさんいました。
だからこそ、さらに上を目指し、成長することができました。
今となってはいい経験をさせてもらったと思っています。

（『気になる！ くまもと』 1009号 2022年3月24日）

（高校生時代を振り返って語った言葉）

九州学院高校に進学した村上は、1年生の時から一塁手としてレギュラー入りした。しかし、その年の夏の甲子園大会に4番打者として出場するも、初戦で石川県の遊学館高校に敗退。自身も無安打に終わった。続く2年生、3年生の時はともに県大会で敗退し、結局、甲子園には、その一度しか出場できなかった。

その意味では、村上の高校時代は「悔しい」思い出のほうが多かったのだろうが、「悔しい」だけで終わらないのが、また村上らしい。「いい経験をさせてもらった」と、そこにプラスの要素を見つけている。つまり、いつまでも嫌な記憶を引きずらないのだ。

アメリカのテキサス大学の心理学者ジェラルド・メタルキス博士は、試験で悪い点数をとった学生を対象に、その後の彼らの落ち込み具合を調査した。

その結果、「自分の努力が足りなかった」「自分には才能がない」と考えて、原因を自分のせいにする学生ほど落ち込みを引きずることが判明した。逆に、「試験が難し過ぎた」「先生が意地悪な問題を出した」といった自分以外に原因を求めた学生の落ち込みは小さく、すぐに回復した。

自分の才能を信じて、嫌なことの中に良いことがないか探してみる。村上は良くない出来事の中に好ましい出来事を見つけて自分を元気づける天才なのである。

嫌なことがあってもいつまでも引きずらない方法。

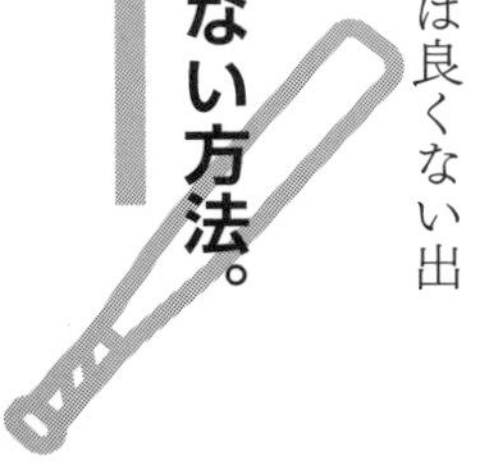

左方向への流し打ちを決定づけた意外な「一言」。

熊本東リトルシニアというチームに所属していたのですが、当時、練習で使っていたグラウンドの右翼が約80メートルと少し狭く、何度となくフェンスを越して近隣の民家や小屋にボールが当たってしまって…。それでも一度も叱られたことはなく、本当に皆さんに温かく見守っていただきました。

（『気になる！くまもと』1009号 2022年3月24日）

（中学時代の思い出について語った言葉）

村上が才能を開花させる上で忘れてはならないのが、小学6年から中学3年まで所属していた熊本東リトルシニアの監督・吉本幸夫の存在である。中学生の村上は、チームのホームグラウンドだった熊本・益城《ましき》町の福田町民グラウンドで練習に励んだ。当時の思い出を語ったのが右の言葉だ。

中学3年になると、村上の打ったボールはますます威力を増し、平気でフェンスを越えるようになる。そこで、吉本監督は、さすがにボールが直撃する近隣の民家を考慮してか、左方向への流し打ちをアドバイスしたという。

そのことを思い出しながら、村上はこう語っている。

「監督からは『引っ張らずにレフト方向に打ちなさい』と言われるようになりました。そこから、『逆方向に強い打球を打つ』という意識が芽生え、今の打撃にもつながっています」(同右)

2022年シーズンに村上の打ったホームランの、実に3割以上が左方向に打ったものであったことからも、吉本監督のこの貴重なアドバイスが村上の野球人生に大きな影響を与えたことがわかる。ちょっとした一言が、人の運命を大きく左右することは決して珍しくないのだ。

人生の早い段階で、経験豊かな人のアドバイスに耳を傾けよう。

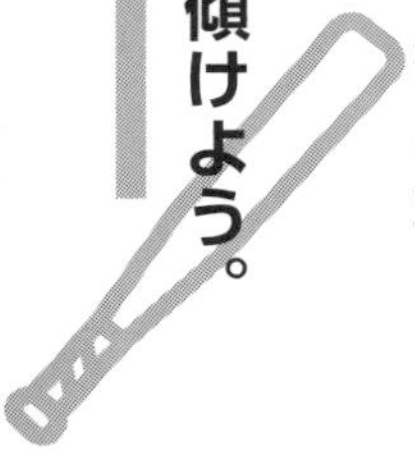

リーダーや上司から可愛がられるのはこんな人。

そんなに多くはありませんでしたが、誘っていただきました。
でも、自分が一番成長できる場所、環境が整っている高校を考えたとき、
やっぱり地元・熊本にある九州学院高校が一番だと思い、
進学を決意しました。

（『気になる！ くまもと』1009号 2022年3月24日）

（高校の進学先を九州学院高校に決めたことについて語った言葉）

中学時代の村上は、2年生の時に二塁手としてプレーしていたが、秋の新チーム発足時に捕手に転向。その冬に九州選抜のメンバーとして台湾遠征を経験する。それを契機に村上は熊本県外の高校へ進学する意向を示す。それを引き止めたのも熊本東リトルシニアの吉本幸夫監督だった。

その頃のことを思い出しながら、吉本監督は語っている。

「九州選抜を経験した影響もあって、そのメンバーと一緒に県外の高校に行きたいと考えたのかな。私は『せっかく熊本で一生懸命やってきたなら、熊本の高校で活躍して、プロから指名されるようになって、熊本の県民から応援される選手になりなさい』と話しました」（『証言 村上宗隆 若き天才スラッガーの真実』宝島社）

「素直さ」こそ、村上の人生を成功に導いた大きな要素である。素直さは、たとえば、「聞く耳を持つ」ことである。リーダーや目上の人のアドバイスに真摯に聞く耳を持ち、納得できるアドバイスは素直に受け入れる。こうした人間は、間違いなくリーダーに可愛がられ、重用されるという心理学のデータはたくさん存在する。

村上が順風満帆《じゅんぷうまんぱん》に自らの潜在能力を引き出すことができたのは、持ち前の素直さで、これまで関わってきた監督やコーチに可愛がられたことと無縁ではない。

「素直さ」が人を成長させる。

「5~8歳」をどう過ごすかで人生の命運が決まる。

物心がついた時からボールを握っていました。
キャッチボールを始めたのは4歳頃、
兄がクラブチームで野球をしていたので、その影響です。

(『気になる! くまもと』1009号 2022年3月24日)

(野球を始めたきっかけについて語った言葉)

村上は、4歳で地元の長嶺地域スポーツクラブに入り、兄と一緒に汗を流した。小学校に入学すると、地元のＰＢＡ野球塾に入って野球に明け暮れた。

小学2年から村上を指導したＰＢＡ校長の今井譲二さんはこう語っている。

「正直な話、ご両親もプロになるとまでは思っていませんでした。小学4、5年生の頃、全員が一人ずつマウンドの上でスピーチする行事をしていたんです。ムネは『プロ野球選手になって、家を建てて、お父さんお母さんに親孝行したい』と宣言した。ムネのお母さんと『あんなこと言われたら涙が出ちゃうねえ』と話しながら『本当になったらどうしますか』『そんなことあるわけないじゃないですか』と言っていたぐらいですから」（『証言 村上宗隆 若き天才スラッガーの真実』宝島社）

実は、「動作の習得」の最適な時期が判明している。5歳から始まって、7、8歳でピークに達するというのだ。5～8歳の時期には、すでに本格的に野球に親しんでいた村上は、野球人生における大きなアドバンテージを獲得したと言える。

もしもあなたのお子さんをプロスポーツ選手に育てたかったら、少なくとも5歳からその競技種目に親しませるべきだ。「鉄は熱いうちに打て！」は、もはやスポーツにおいては常識なのである。

スポーツ界の鉄則は、今も昔も〝鉄は熱いうちに打て！〟。

第5章

壮大な「夢」を公言して行動を起こそう

人生はマラソンではなく、50メートルダッシュの連続。

（寝る時間以外はほぼ野球のことを考えていることは）

野球が根っから好きですから、苦にはなりません。

（日本経済新聞　2022年11月28日）

（野球への取り組み方について語った言葉）

村上の一日は、まさに野球漬けだ。いつも野球のことを考え、行動している。たとえば、試合前の準備を完璧に行うため、ほかのどの選手よりも早く球場入りする。あるいはプライベートの時間でも、「相手ピッチャーの攻略法を考えだしたら止まらない」のである。

人生は「今日一日」という要素で構成されている。今日という一日一日の積み重ねが、その人の人生を形づくっていく。その意味では、人生はマラソンのような長い一本の道ではなく、50メートルダッシュの連続なのである。昨日は終わってしまったこと。潔く忘れてしまおう。そして明日のことは明日、考えればよい。

「人生は今日しかない！」という切実感を持って、ベストを尽くそう。オリックスの山本由伸は、2022年のMVPに選ばれた感想を聞かれて、「必死に一日を過ごしていたので、それが良かったかなと思います」（デイリースポーツonline　2022年11月25日）と答えた。彼らトップアスリートたちの偉業は、必死になってやるべきことをこなす一日の積み重ねの結果なのである。

一日を全力でエネルギッシュに活動し、その日の夜はガス欠状態でベッドにたどり着く。彼らの人生は、そんな毎日の連続であるに違いない。

「今日一日」を完全燃焼しよう。

夢を「鮮明に思い描く」だけでは不十分な理由。

個人の成績で言えば、まだまだ満足していませんし、もっと良い成績が残せたはず。今シーズンは全てのレベルをひと段階上げて、最低でも3割40本100打点を目指し、獲れるタイトルは全て獲得するつもりでいきます。

(『気になる！ くまもと』1009号 2022年3月24日)

(2022年のシーズン前に「今シーズンの抱負」について聞かれて)

村上のような一流アスリートは、「なりたい凄い自分」を鮮明に描けるから、自分の目標を単なる「絵に描いた餅」で終わらせることがない。

アメリカを代表する心理学者・哲学者、ウィリアム・ジェームズはこう語っている。

「人間というものは、概して、その人間の思い描いた通りの人間になる」

つまり控え目な目標を持った人間は控え目な目標しか達成できず、壮大な夢を抱いた人間だけが壮大な夢を実現できるのだ。

実は、才能よりも、抱いた夢や目標がその人間のパフォーマンスに大きな影響を与える。人間の潜在能力に蓋をしているのは、たいていその本人なのである。

ただし、「鮮明に思い描く」だけでは十分ではない。村上のように、思い描いた壮大な夢や目標を、人前で公言するのだ。

実際村上は、「3割40本１００打点」「タイトルは全て獲得する」と、多くの記者たちの前で明言した２０２２年シーズン、数々の驚異的な成績を残した。

壮大な夢や目標を公言して行動を起こすことにより、潜在能力のストッパーが外れ、目の前の仕事で凄いパフォーマンスを発揮できるようになる。衆人環視の中であえて言い放つことで、自らにプレッシャーをかけ、それをエネルギー源にさらなる高みに行けるのだ。

みんなの前で自分のとびきりでかい夢を語ろう。

一日中没頭できる。成果も出る。それが「天職」。

気分転換はしません。試合が終われば、ご飯を食べて（試合の）振り返りをして寝るだけ。野球で悔しい思いをしたら、野球でしか取り返せないと思うので。

（Full-Count　2022年11月15日）

（2022年シーズンを終えて野球へのこだわりについて語った言葉）

村上のこの言葉から、「真のプロフェッショナルとは？」、「天職とは？」という命題の答えが見えてくる。

仕事は2種類に分類できる。「自発的な仕事」と「強制による仕事」である。前者は自分以外の人間の指示や規制のない、自分のやりたい仕事。後者は自分以外の人間の指示により行う仕事である。

村上にとっての野球は、もちろん「自発的な仕事」だ。大きな成果を生むのは、「自発的な仕事」のほうであることは言うまでもない。

「自発的な仕事」のキーワードは、「好き」と「得意」である。ただし、「好き」なだけでは、十分ではない。単に「好き」なら、それは趣味にすればよい。「好き」なことが「得意」な人が、プロフェッショナルの資格を持つのだ。

逆に、「得意」なだけなら、途中で飽きてしまって長続きしない。それが「好き」でないと、もっと上達したいというモチベーションも上がらず、大きな成果に結びつくこともない。

天職とは「好き」と「得意」を両輪とする「自発的な仕事」のこと。それは、一握りの天才たちだけのものではないのだ。

「好き」と「得意」を仕事の両輪にしよう。

「勝ち負け」だけにこだわるなら、ギャンブルと同じ。

常日頃から一生懸命プレーしていますけど、オリンピックでも、必死に勝ちにいく姿勢を見ていただければと思います。

（文春オンライン　2021年9月11日）

（2021年の東京オリンピックへの意気込みについて語った言葉）

村上の〝一生懸命〟なプレーは、人の胸を打つ。たとえば、2021年4月11日の対中日戦。1点リードされていた9回表、村上は二遊間へのゴロで、なりふりかまわずのヘッドスライディングを試み、ビデオ判定でヒットをもぎ取った。

この本の第3章でも触れたが、2022年シーズンのセ・クライマックスシリーズ・ファイナルステージ第3戦におけるヘッドスライディングも、プロ野球ファンの間で今も語り草になっている。

ファンにとって、贔屓《ひいき》するチームの勝ち負けはもちろん大事。しかし、それだけにこだわるなら、ギャンブルに興じるのと大差ない。ファンは、選手たちの一生懸命なプレー、自らの限界に打ち勝とうとする必死な姿を見たい、それに感動したいのである。

著名な哲学者ジョシュア・ハルバースタム博士は、「まずは、この先の残されたキャリアの中で、自分が何を目指すのかを考えよう。『誰それよりも上』という目標ではだめだ。（中略）目標は自分が向上することだ。他人に勝つことではない」（『仕事と幸福、そして、人生について』ディスカヴァー・トゥエンティワン）と語っている。

他人に勝つことだけにこだわるのをやめて、今の一瞬、一瞬に、自分を向上させることに命を懸けよう。そんな姿に周りは感動し、活気づく。勝敗は、結果に過ぎないのだ。

〝一生懸命〟が周囲をやる気にさせる。

夢に向かっての「日々の作業」を楽しむ。

後悔してるのは、50号を打った後、シーズン終盤にあと5本くらい、王さんに並べるくらい打てればいいという目標を立ててしまったことです。そこでもっと自分に期待して、60本とか61本といった目標を立てておけば、違う結果が生まれたのかなとも思います。

(Full-Count　2022年11月15日)

(2022年シーズンを終えて後悔していることに触れて語った言葉)

目標を掲げること自体は、それほど困難な作業ではない。問題は、目標をどう達成していくかだ。そのことが、人間の運命まで変えてしまう。

村上は、どちらかというと、ひとっ飛びに頂上を目指すのではなく、着実に一歩ずつ階段を上っていくタイプ。王貞治を一気に超える本塁打数を目標設定しなかったことを「後悔してる」と語っているが、そもそもの村上は、「まずは王さんに並んで、その次に……」と考えるのが性に合っているのだと思う。

私は、「幸福感というものは、夢を実現することによって感じられるものではなく、夢を実現するための日々の行動によって感じられるものでなければならない」と考えている。

村上は、日々の成果を積み重ねることに喜びを感じている。今日、ホームランを打ったことや、守備でスライディングキャッチを決めたことに、何よりも幸せを感じるのだ。

2023年シーズン、村上にはホームラン記録の更新や2年連続三冠王といった過大な期待がかかることは避けられない。しかし、そのことに関して、彼はいたって楽観的である。

「プレッシャーはありません。期待に応えるのは自分自身。やるべきことをしっかりやっていけば、結果もついてくると信じています」（同右）

村上のように、日々の作業に快感を見出せる人間は〝幸せ者〟なのである。

目標を「どう達成するか」に全力を注ごう。

「どのような成績を挙げたか」より、「どのような行動をしたか」。

シーズン143試合、いろんなことがあり、
打てる日も打てない日もある。
その日、その日で感情が出てしまうので難しいけど、
最後にみんなと喜びを分かち合えた。
これがあるから苦しい時も耐えられる。

（ニッカンスポーツ・コム　2022年9月25日）

（2022年シーズン、セ・リーグ優勝を決めたあとに語った言葉）

２０２２年９月25日、ヤクルトは対DeNA戦で勝利し、みごとセ・リーグ優勝を決めた。試合後、髙津監督は七度、神宮の宙を舞った。

目標は、どこに着目するかによって、大きく二つに分類できる。「結果目標」と「行動目標」である。

多くのアスリートやビジネスパーソンが、「結果を出す」という言葉を口にする。ヤクルトにとっても、「リーグ優勝」という結果目標は、シーズンスタート前に掲げた大きな目標の一つだったかもしれない。しかし、「行動」よりも「結果」がすべて、という考え方は間違っている。

確かに、この世の中は徹底した実績主義であり、「どのような成績を挙げたか」によってすべてが評価され、「どのような行動をしたか」は、あまり問題視されない。しかし、すべての「結果」は「行動」によって決定されるという事実を忘れてはならない。

「結果目標」をしっかりと頭の中に叩き込んで、それを実現するための「行動目標」を着実にやり遂げる。こうした仕事に取り組む姿勢が、あなたを一流の仕事人に仕立ててあげてくれる。

「結果目標」を頭の中に叩き込んで「行動目標」を貫徹しよう。

日々の一喜一憂がなくなる「月間目標」のすすめ。

去年の終盤のインタビューで
来年の打率を上げるためにはと聞かれたときに、
月ごとの打率というのは僕は話していましたし、
言っていたことが今シーズン、いい形になったというか、
区切り区切りで、その月でいい打率を残せたことがよかったと思います。

（NHK NEWS WEB　2022年10月4日）

（打率を向上できた原因について語った言葉）

繰り返しになるが、目標設定は、大きな成果を挙げるための必須の要素である。村上の場合、モチベーションを高めるのにひと役買っているのが「月間目標」だ。「なんとしても着実に進化したい！」という村上の思いを、月単位で成果をチェックできる「月間目標」が支えている。

なぜ「月間」なのか？　理由は、「月間目標」だと日々の打率の上下に一喜一憂せずに頑張れるからだ。

現役時代のイチローの場合は、意外に思われるかもしれないが、打率そのものを重視しなかった。そのかわり、ヒット数にはとことんこだわった。理由は村上と同じ。打率が上がった、下がったと、一喜一憂したくなかったからである。

ヒット数は打てば増える。一本一本の積み重ねで、決して減ることはない。イチローは「あれ（打率）は割り算ですからね。僕は小学生の頃から割り算が嫌いだったんです」とちゃめっ気たっぷりに語っている。

あなたも仕事の中に「月間目標」を設定して、自分史上最高記録にチャレンジすれば、着実に目的に近づける。

イチローが打率ではなくヒット数にこだわったのはなぜ？

逆境に強い人の三つの共通点。

コロナ禍のなかで野球、オリンピックを開催してくれたことに
感謝したいし初めての国際大会だったけど、
感謝の気持ちを今まで以上に感じた大会だった。
この経験は一生に一度できるか、できないかなので、
すごくうれしく思うし、これを誇りに思ってこれからもやっていきたい。

（NHKスポーツ　2021年8月8日）

（2021年の東京五輪に出場したことの意味について語った言葉）

もし東京五輪が予定通り2020年に開催されていたら、村上が日本代表に選ばれていたかは疑わしい。五輪が1年延びたことで村上はさらなるパワーアップを遂げ、翌21年のオリンピック代表に堂々の選出となった。そして、全5試合に8番・三塁手として出場、打率3割3分3厘（15打数5安打）、1本塁打、3打点という好成績を残した。

米カリフォルニア大学のサルバトーレ・マディ博士の研究によると、リストラされた450人のビジネスマンを調査したところ、その3分の2の人が心臓疾患、うつ病、アルコール依存といった問題を抱えていた。

一方、そのような兆候が見られなかった残りの3分の1の人を調べてみると、次のような三つの共通点があることがわかった。

①自分の置かれた立場で最善を尽くす。
②自分には、良い結果を導く力があると信じている。
③難しい問題を解決しようとするチャレンジ精神がある。

これら三つの資質を持つ人は逆境に強い。村上もその一人であることは言うまでもない。

自分を信じ、「今・ここ」でポジティブに最善を尽くそう。

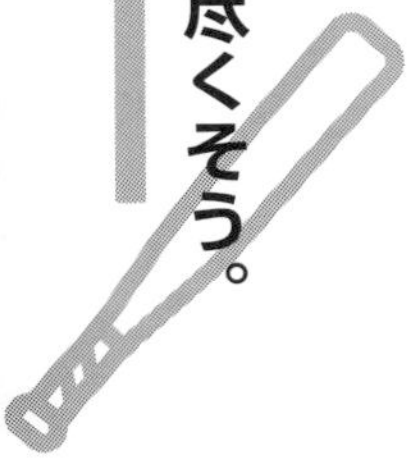

覚えておきたい、相手をビビらせる「後光効果」。

こうしたら打てるという根拠と過程があるので、自信を持って、いいメンタルで打席に立ててると思います。

（テレビ東京スポーツ『萩野公介×村上宗隆 スペシャルインタビュー！』2022年8月22日）

（元競泳日本代表の金メダリスト・萩野公介との対談で語った言葉）

村上のシーズン前のキャンプでは、1日8時間の練習をこなすことも珍しくなかった。「自信を持って、いいメンタルで打席に立ててる」という彼の言葉には、こうした背景があった。

村上の話の中には、「気持ち」とか「メンタル」という言葉が頻繁に顔を出す。厳しいプロの世界できっちりと成果を出すうえで、強い「メンタル」が求められるのは言うまでもない。

心理学用語に「後光（ハロー）効果」というのがある。「後光」とは、聖像の光背《こうはい》や光輪を示す言葉で、いわゆる「オーラ」の意味に近い。「ある対象物を評価する時、顕著な特徴に引きずられて、他の特徴や評価が良い方向に歪められる」ことをいう。

村上の自信満々の強いメンタルが醸《かも》し出す後光＝オーラが、ピッチャーを威圧し、萎縮させる。同じボールを投げるにしても、「誰に投げるか」という要素がピッチャーのパフォーマンスに大きな影響を与えるのだ。

普段から堂々と自信満々の表情と態度を示すことによってもオーラは生み出せる。当然、次第に中身も伴っていく。オーラを、「もう一つの武器」として活用したいものだ。

普段から自信満々の表情と態度を示そう。

ポジティブ心理学に、「逆境」の乗り越え方を学ぶ。

一軍はすごいという感情しか湧きませんでした。
ボール球を打ってもヒットにならないので、
ストライクゾーンにきたら振ろうと。
詰まりましたけど、ヒットになってよかった。

（web Sportiva　2022年8月3日）

（デビュー1年目のオープン戦で一軍デビューを果たした試合のあとに語った言葉）

ルーキーイヤーの2018年シーズン、村上はオープン戦で初打席初ヒットのデビューを飾った。公式戦のデビュー戦でも、初打席初本塁打を放ったが、結局、この年に村上が一軍に出場したのはわずか6試合。初打席以降は13打席無安打、2四球となり、同年は一軍での安打はこの本塁打のみに留まった。

どんな逆境に見舞われても、ニコニコしてそれをみごとに乗り越える人がいる。反対に、たいしたピンチでもないのに、悲観するあまり立ち直れない人もいる。

「ポジティブ心理学」の権威である米ノースカロライナ大学の心理学者バーバラ・フレドリクソン博士の著書にこうある。

「現在どのような状況にあろうと、みなさんには自分の人生と自分のまわりの世界を良い方向に変化させる能力があります。発展や創造に満ちた幸福な人生を築くための、また逆境からみごとに立ち直るための有効成分を自らの手に持っています。（中略）この有効成分とはいったい何でしょう。それはポジティビティ（自己肯定的な心の状態）です」（『ポジティブな人だけがうまくいく3：1の法則』日本実業出版社）

逆境を乗り越える最強の味方こそ、苦しい時も笑顔を忘れない村上のような究極の「ポジティビティ」なのである。

究極の「ポジティビティ」で逆境を乗り越える。

第6章

「プレッシャー」を味方につけてベストを尽くそう

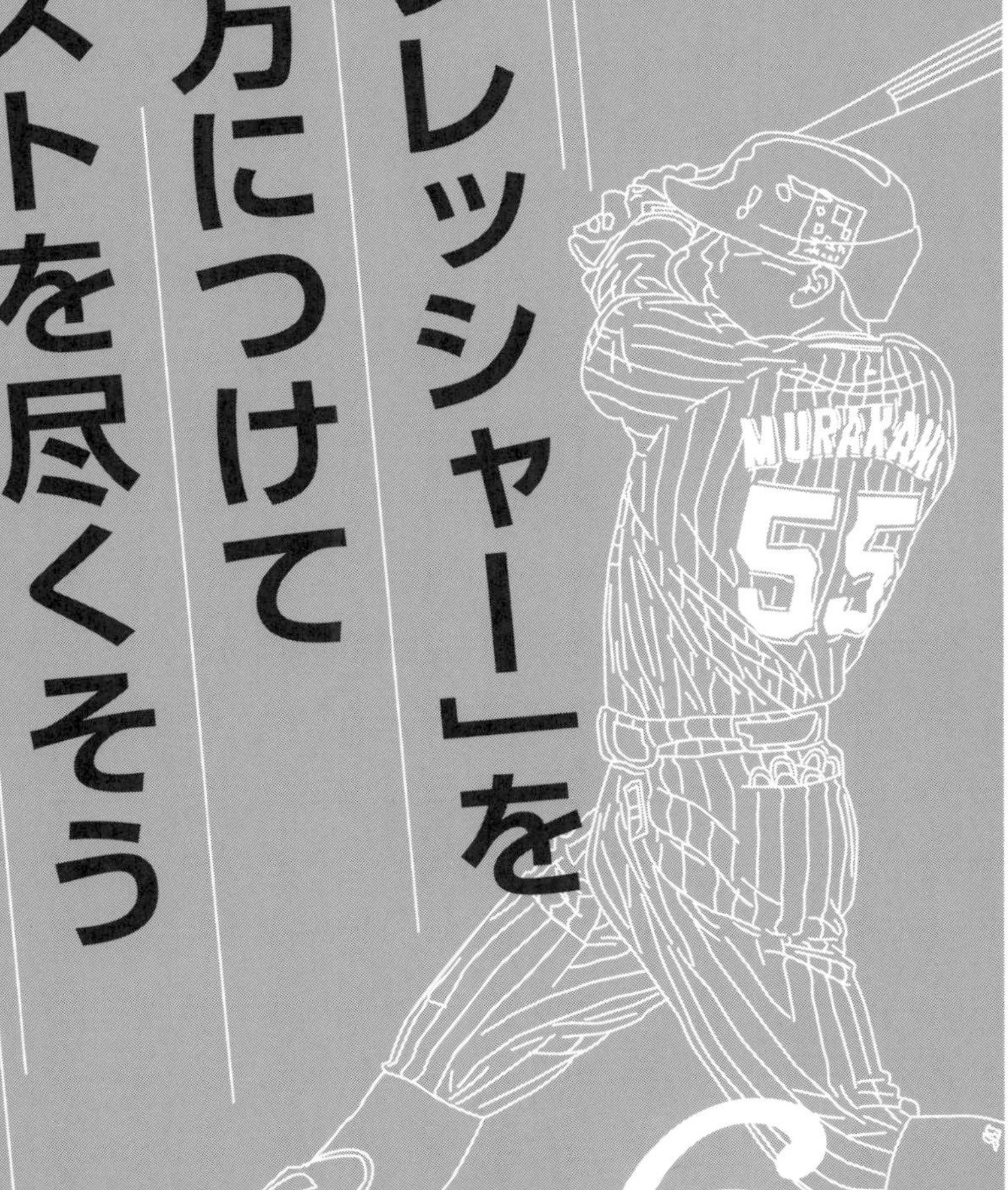

自分の「進化」に、とことん貪欲であれ！

何よりもチームスワローズが優勝できて本当によかった。
すぐにレギュラーシーズンもスタートするので
ＭＶＰを励みにしてさらに頑張りたい。

（NHK NEWS WEB　２０２２年6月13日）

（交流戦でみごとＭＶＰに選ばれたあとに語った言葉）

村上に限らず、一流のアスリートたちは共通して何事にも貪欲である。

それはタイトルや年俸のように、外から与えられるものに対してだけではない。自分を少しでも向上させたい。その達成欲求においてひたすら貪欲なのだ。

たとえば楽天の田中将大。彼は、ダルビッシュ有から投球術に関する厳しいアドバイスを受けたり、藤川球児（元プロ野球選手）の投げるストレートに大きな刺激を受けるなど、これまで機会を見つけては吸収できることを貪欲に取り込んできた。

著名な心理学者デビッド・マクルランド博士は、達成動機の強い人間の共通点を三つ挙げている。

①達成の卓越した水準を設定し、それに挑む。
②自分なりの独自のやり方でそれを達成しようとする。
③長期間かかるような達成に取り組み、その達成を強く期待する。

リスクを恐れず、日々貪欲に新しいものをマスターする姿勢を崩さない。村上の進化はそんな彼の考え方によって実を結んだと、私は考えている。

リスクを恐れず、新しいことに挑戦しよう。

責任ある「ポジション」が才能を開花させる。

バレンティン選手の穴を埋めるのは僕自身だと思っています。

（『証言　村上宗隆　若き天才スラッガーの真実』宝島社）

（コロナ禍で開幕が遅れた2020年シーズン前に今年の意気込みについて語った言葉）

セ・リーグ最下位に沈んだ2019年シーズンを最後に、ヤクルトからバレンティンがソフトバンクに移籍。その抜けた4番の穴を自分が埋めるんだという決意と自信が、この言葉に滲み出ている。

ウラディミール・バレンティンは、2011年シーズンから2019年シーズンまでの9年間、ヤクルトの4番バッターとして活躍した。特筆すべきは2013年シーズンに記録したプロ野球歴代最多の60ホームランだ。このシーズン、バレンティンは、130試合で打率3割3分0厘、60本塁打、131打点、出塁率0・455を記録し、本塁打王と最高出塁率の二冠を獲得した。

才能を開花させるうえで、「ポジション」の役割はきわめて重要である。プロ野球という世界で「4番」というポジションは責任が重い。素晴らしい成績を残して当たり前。ちょっとしたスランプに見舞われただけで、メディアに叩かれる。もちろん、ファンのブーイングの嵐に真っ先に晒《さら》されるのも「4番」の宿命だ。

しかし、そのプレッシャーがアスリートを強くする。これはビジネスの世界でも全く同じ。プレッシャーをはねのけて凄いパフォーマンスを発揮する機会が得られたことに感謝しよう。責任ある「ポジション」こそ、才能を開花させる切り札となる。

プレッシャーを味方につけてこそ一人前。

「ポジティブな種」を蒔《ま》けば、「良い出来事」を収穫できる。

僕はいつでも〝できる〟と信じてやっているので。

（web Sportiva 2022年8月3日）

（ヤクルトに入団して2年目に語った言葉）

入団2年目の２０１９年シーズン、村上はオープン戦で結果を残し、「6番・三塁手」として開幕戦に先発出場を果たす。最終的に、チーム唯一となる全１４３試合に出場し、36ホームラン（リーグ3位）、96打点（同3位）という数字を残した。

そして、オールスターゲームでは、三塁手部門においてファン投票1位で選出される。さらにシーズンオフには、その実績が評価され、19歳でみごとに最優秀新人のタイトルを獲得した。

作家ジェームズ・アレンが1世紀以上も前に著した『「原因」と「結果」の法則』（サンマーク出版）はいまだに世界中の多くの人々に読み継がれている。なかでも、その中に記されている「種蒔きと収穫の法則」は現在でも十分通用する。

これは、「ポジティブな種を植え付ければ、好ましい出来事を収穫することができ、ネガティブな種を植え付ければ、良くない出来事を収穫するハメになる」という心理法則である。

村上のように、自分なら〝できる〟と信じて、心の中に強烈な「ポジティブな種」を蒔こう。そうすれば、あなたの身に次々と良い出来事が起こるようになる。

「種蒔きと収穫の法則」が教えてくれること。

嫌な気分をリセットする「メンタル・ライティング」。

喜びと悔しさを秤《はかり》にかけたら、悔しさのほうが大きいです。
三振もエラーも多くて、チームに迷惑をかけてしまいました。
そこに尽きます。

（web Sportiva　2022年8月3日）

（プロ2年目のシーズンを振り返って語った言葉）

先の項目で村上の２０１９年の成績を取り上げたが、実は、この年は、村上にとって「明」と「暗」が交錯した1年でもあった。確かに、「全試合出場、ホームランと打点はリーグ3位」は素晴らしい。だが一方で、打率は規定打席に到達した中で最低の2割3分1厘、三振においては、２００４年に岩村明憲が記録した１７３を上回る１８４を記録し、セ・リーグだけでなく、日本人選手最多記録を更新してしまった。

多くのアスリートが、自分の「明」の部分だけに照準を当て、「暗」の部分を無視する傾向がある。しかし、それでは、「暗」を心の中に温存し、嫌な気分をいつまでも引きずってしまう。

嫌な気分をうまくコントロールして、日々好ましい心理状態を維持する具体策がある。スペインのダリオ・パエズ博士は、50名の被験者に日記を書いてもらった。日記のテーマは「どんな時に嫌な気分になったか?」だった。

その結果、ほとんどすべての被験者が明らかにポジティブな気分になったのだ。つまり、心の中の嫌なことを言葉にして開示することで、気分が前向きになるのである。専門的には「メンタル・ライティング」という技法だが、村上のように、「暗」の部分を堂々とメディアの前で語ることは、この「メンタル・ライティング」の応用といえるだろう。

自分の「暗」の部分にも照準を当てよう。

一流と二流を分ける「マインドセット」の違い。

いつケガするかわからないし、いつ調子が落ちるかわからないという状況で、すごく不安はあるんですけど、その中でも自信を持って今までやってきたことを信じてまた新たな自分が見られるんじゃないかということを楽しみに、僕はやっているんで、期待されながら結果を出すというのは難しい部分もありますけど、僕は楽しみながらやっているかなと思います。

（テレビ東京スポーツ『萩野公介×村上宗隆 スペシャルインタビュー！』 2022年8月22日）

（求められている状況で結果を出す難しさについて語った言葉）

私はこれまで数多くのプロアスリートのメンタルカウンセリングをしてきたが、村上ほど、自分の気持ちをコントロールする術に長けているアスリートは見たことがない。一流と並のアスリートの心理面の違いは、彼らのパフォーマンスの違いとなって表れる。

その中でも、大きな相違点は、不安やプレッシャーのとらえ方の違いである。もう少し具体的に言えば、「一流のアスリートは不安やプレッシャーを抱えて鍛錬に励み、並のアスリートはそれらを悪者扱いして取り除こうとする」という明らかなマインドセット（心構え）の違いにある。

たとえば、スランプに陥って成果が出ない時、並のアスリートはこう考える。

「不安やプレッシャーが湧き上がってきた。なんとかこの状況を脱却しなくては……」

一方、一流のアスリートは現状を前向きにとらえてこう考える。

「不安やプレッシャーから逃げないで、自分が成長できるチャンスに変えよう」

不安の中でも「新たな自分が見られるんじゃないか」ということを楽しみにできる村上は、もちろん後者のほうである。かのイチローも「良くないと思われる状況はチャンス」という名言を残している。

「逆境」は「チャンス」である。

はじめに心ありき。そこから道は開ける。

まさか自分が決勝の舞台でホームランを打てるなんて思ってもいませんでした。シーズン中のホームランだと、「あ、入ったな」という感じなんですけど、オリンピックは「本当に僕が打ったのかな」という不思議な感覚がありました。

（『気になる！　くまもと』１００９号　２０２２年3月24日）

（２０２１年の東京五輪決勝でホームランを打ったことについて語った言葉）

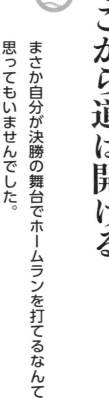

2021年8月7日、この日開催された東京五輪・野球の決勝戦で、日本はアメリカを2－0で下し、野球がオリンピック正式競技になって初めて金メダルを獲得する。この試合で村上は8番サードで先発出場。3回1アウト後、左中間にソロホームランを打って勝利に貢献した。

村上が語った「感じ」「不思議な感覚」というキーワードに注目してほしい。村上のような一流のアスリートは、その時々の自分の心の状態を記憶する。それがパフォーマンスに大きく影響することを知っているからだ。

2022年のサッカーワールドカップで、日本をベスト16に導いた立役者の一人である長友佑都は、こう語っている。

「まずは心があり、思考し、行動に移る。人は心で動いている。大切なのは心なんだ」

(『日本男児』ポプラ社)

心のありようが、人間の個性を形づくる。個性とは、相違点。それを生かすも殺すもあなた次第なのだ。自分の心を信じ、自分のやり方を貫こう。それこそ個性の正体であり、独創性そのものなのだ。

その時々の「感じ」を大事にしよう。

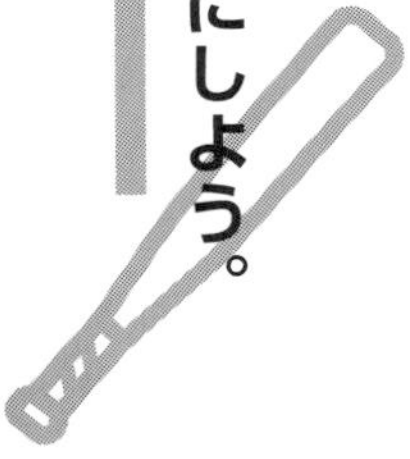

理屈抜きに反復練習。「上達」の道はこれしかない。

順位争いをしている、いい緊張感のなかで試合に出させてもらい、いい経験になりました。
期待されていると思うので、あのような場面で活躍できるようにならないといけないと強く思いました。

(web Sportiva　2019年1月11日)

(公式戦デビューしたことについて語った言葉)

２０１８年の1年目のシーズン、村上は二軍で徹底して素振りに明け暮れた。理屈抜きに、「素振りの鬼」になって反復練習し、自分のスイングを固めた。これが後々の村上の成功を支えたといっても過言ではない。

私たちは一流のアスリートの華麗なパフォーマンスに酔いしれる。だが、彼らが、私たちの知らないところで、何千時間、何万時間もかけて反復練習を積み重ねてきたことを忘れてはならない。

私が2年間在籍した米カリフォルニア大学ロサンゼルス校（ＵＣＬＡ）の偉大なバスケットボールコーチ、ジョン・ウッデンは、自ら開発した次のような方法を選手に行わせて、チームを10度の全米チャンピオンに導いた。

それは、選手が無意識にプレーできるようになるまで、徹底して反復練習を行わせるという、いたってシンプルなメソッドだった。そして実戦練習は、反復練習の成果を評価するためだけにとっておいた。

後年、ウッデンは、「それが常勝軍団をつくった最大の要素だった」と語っている。スポーツの世界において、反復練習に精を出すことは、どんな最先端の科学に基づく練習よりも、上達をもたらしてくれる。

常勝軍団はこうしてできあがる。

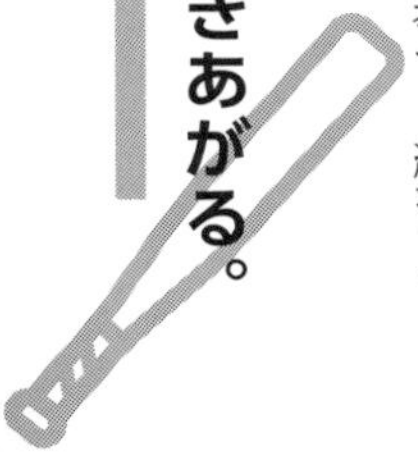

楽しくなくても、やらなければならないことがある。

えー、僕のスイングとは……。
単純に、自分が一番良い形だと思っているスイングですね。
試合前に素振りでフォームを固めて、
それを維持したままバッティング練習をします。
理想的なフォームを保ったまま試合に出られれば、
いい結果がついてくるのかなと。

（週刊ベースボール ONLINE　2020年7月10日）

（「自分のスイングとは、言葉で表すとどういうものなのでしょう？」という質問に答えて）

反復練習の効用について、もう少し考えてみたい。村上のスイングは、彼が小さい頃から磨き続けてきた「宝物」だ。それを今ある形にしたのが、素振りという反復練習である。彼ほど素振りに時間をかけるプロ野球選手を探し出すのはとても難しい。

とはいえ、反復練習自体は決して楽しく、面白いものではない。そこで問われるのが、「やり抜く力」である。

ベストセラーになった『やり抜く力』（ダイヤモンド社）の著者で米ペンシルベニア大学のアンジェラ・ダックワース博士は、こう語っている。

「どんな分野であれ、大きな成功を収めた人たちには確固たる強い決意があり、それがふたつの形となって表れていた。第一にこのような模範となる人たちは、並外れて粘り強く、努力家だった。第二に、自分が何を求めているのかをよく理解していた。決意だけでなく、方向性も定まっていたということだ」

素振りのような反復練習は、単純で、退屈な作業である。しかし、この面白くない作業を究《きわ》めることが自分の生命線となることを、村上は小さい頃から知っていた。あなたにとって、素振りにあたるものは何だろう？　それを見つけ出し、明日のために、今から作業を始めよう。

辛い「反復練習」を支える「やり抜く力」。

第7章

「周囲の人たち」の支援をエネルギーに変えよう

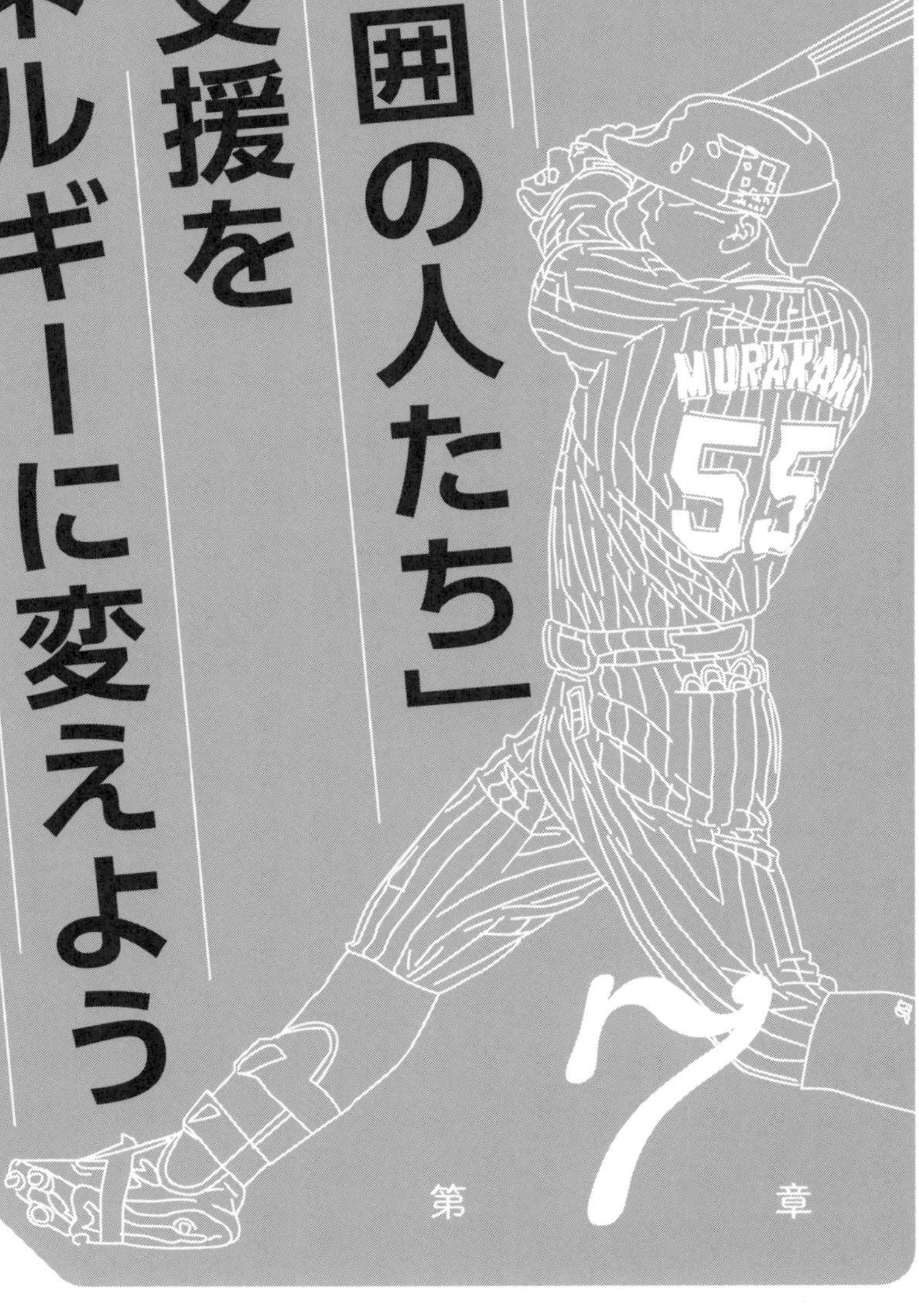

「向上心」で、仕事はもっと楽しくなる。

すごくうれしいことですが、本当にまだまだ通過点ですし、
目標はもっともっと上にあるので、
これからもチームが勝てるように頑張ります。

（web Sportiva　2021年9月19日）

（史上最年少の通算100号ホームランを打った試合のあとで語った言葉）

プロ4年目のシーズンとなった２０２１年は、村上にとって飛躍の年となった。全試合に4番打者として出場。39ホームランでホームラン王のタイトルを獲得。20年ぶりに日本一に輝いたこともあり、セ・リーグＭＶＰにも選出された。

この年の9月19日、シーズン35本目となるソロホームランを右翼スタンドに打ち込み、みごと通算１００号に到達した。21歳7カ月での１００ホームラン到達により１９８９年に21歳9カ月で到達した清原和博（当時・西武）を抜き、最年少記録を更新した。

この試合前、ヤクルトの杉村繁打撃コーチは村上についてこんな話をしていた。

「彼のいいところは、練習をすごく大事にすることです。じつに丁寧な練習をします。うまくなりたいという向上心と闘争心を持ち、あれだけ練習してもケガをしない頑丈な体を持っている」（同右）

ビジネスパーソンの仕事を面白くする鍵。

村上の飽くなき向上心は、「目標はもっともっと上にある」という彼の言葉にも表れている。実は、ビジネスパーソンの仕事を面白くする鍵も、この向上心にあると私は考えている。ビジネスパーソンとして定年まで働くなら、人生の中で、仕事に費やす時間が最大となる。それならば、向上心をテーマにして、目の前の作業で夢中になれるようにしよう。それで仕事はきっと数倍も楽しくなる。

プレッシャーが「快感」になってこそ一人前。

自分の調子が良くないとわかっていながら、
打席に立つ恐怖感がありました。
正直言って、メンタルを立て直したというより、
苦しみながら、もがき続けて、
野球のことを考え続けた事へのご褒美だったと思います。

（Full-Count　2022年11月15日）

（61打席ぶりのホームランを打つまでの苦しい道のりについて語った言葉）

スポーツ心理学の教科書には、いまだに「プレッシャーを克服するには、終わった試合のことをきれいさっぱり忘れてリラックスすること」と書かれているものが多い。

確かにそれができれば気分をリフレッシュできるだろうが、そもそも、村上はこうしたリラックス法をあれこれ研究するタイプではない。別のところでも触れているが、「もっともっと押しつぶされるくらいプレッシャーをかけてほしい」と発言するのが村上流なのだ（56ページ）。

村上のような一流のアスリートほど、プレッシャーから逃げないでもがき続けることを快感にしている。

心理学用語としてのプレッシャーは良くないイメージが強いが、それは明らかに間違っている。プレッシャーがかかるからいい仕事ができると考えてみよう。

それだけでなく、実戦でプレッシャーがかかる場面をたくさん経験することで、飛躍的に実力を発揮できる自分に気づくようになる。プレッシャーの先には、「ご褒美」が待っているのである。

ちなみに村上の唯一のリラックス法は寝ることだという。

プレッシャーの先には、「ご褒美」が待っている。

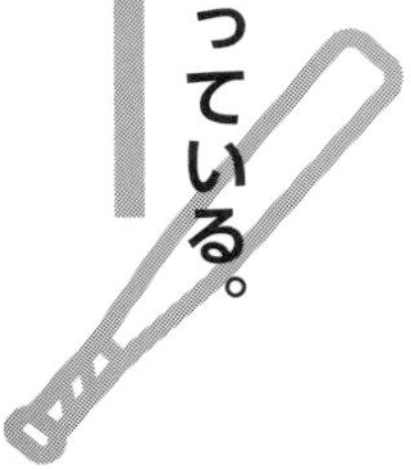

挑戦と失敗の繰り返し。それが成功の秘訣。

そうですね。
挑戦して失敗して、挑戦して失敗しての繰り返しだと思うので、
まずは何事にも興味があったら挑戦して、
たくさん失敗して自分の経験にしてください。

（JERAセントラル・リーグホームページ　2021年）

（何かに向けて挑戦しているファンに送ったメッセージ）

入団2年目のシーズン、村上にこんなことがあった。ナゴヤドームでの対中日戦。一塁の守備についていた村上は、アルモンテが打ったファーストライナーをエラー。当時のヘッドコーチ宮本慎也に、「守れないし、打てないし、どうすんねや！」と活を入れられる。

そのことを思い出しながら、村上は語っている。

「『もうダメだ。終わりだ』と思って、次の打席でネクストバッターズサークルの所で、『明日からファームか』って気持ちがあったんです。それで、バッターボックスへ行く時に、もう一人の自分が『このままじゃダメだ！』って話しかけてきて、『ここで打たないかん！』と思って吉見（一起）さんの投げたボールをレフトフェンスにぶつけた。そこから変わったんですよ。信じてもらえるかわからないですけど」（上田剛史YouTube『プロ野球選手対談　村上宗隆選手編①』）

オーストラリアにあるタスマニア大学の心理学者テッド・トンプソン博士は、「反論思考」が、逆境に強い人間をつくると主張している。たとえば、健康に不安があったら、「大丈夫！　私は運動もしているし、規則正しい生活もしている！」と自分に反論すればよい。どんなに失敗しても、「次は必ずうまくいく！」と、めげそうな自分に反論して挑戦を続ける。そうすれば、長いトンネルの先に明るい光が見えてくる。

悲観的な考えが浮かんだら、自分に反論してみよう。

過保護なリーダーから「一人前」は育たない。

野球に対する思いや、勝利への執念も青木さんに学んだことが多くあります。背中でプロとしてあるべき姿を見せてくれる。チームが苦しい時に仲間を鼓舞《こぶ》する声を出してくれる。それを自分たちが見習っていかないといけない。自分がどれだけ年齢を重ねても、青木さんのように声を出し続けていかないといけないと強く思っています。

（サンスポ　2021年5月27日）

（村上の成長に大きな影響を及ぼしている青木宣親《のりちか》への思いについて語った言葉）

村上と青木宣親の深い関係は、２０１９年シーズン前の自主トレに始まる。青木が米ロサンゼルスでの自主トレに、村上を誘ったのだ。このことについて青木は語っている。

「村上がプロ1年目だったので2軍だった。その時に『自主トレ一緒にやってみるか？』と話をしたら『よろしくお願いします』と言って、（一緒に）やりました」（同右）

ロサンゼルスでの自主トレは、過酷なものだった。早朝のランニングは、たとえどしゃぶりの雨の中でも決行されたという。

さらに、開幕前のキャンプでは、青木は率先して村上に手本を示して見せた。それを見て村上は多くのことを学んだ。

過保護のリーダーからは、一人前のメンバーは育たない。手取り足取りこと細かに教えるリーダーからは、指示しない限り動けないメンバーしか生まれない。

こんな格言がある。「魚を一匹与えると、その人間は一日食べていける。魚の捕り方を教えると、その人間は一生食べていける」

一生食べていける方法を教えてくれるリーダー。青木は村上にとって、まさにそういうタイプの得難いリーダーなのである。

「一生食べていける方法」を教えてくれるリーダーを持とう。

「励ましの言葉」には侮れないパワーがある。

少しの時間でしたがお話をさせていただく機会がありました。「とりあえず俺の記録を破れ」とおっしゃっていただきました。

（ニッカンスポーツ・コム　2022年9月9日）

（野村克也と初対面した時に交わした言葉を思い出しながら語った言葉）

野村克也は、亡くなる2年前の２０１８年2月、ヤクルトの二軍キャンプを訪れ、一軍デビュー前の村上と対面している。ヤクルトのルーキーの中でも注目を一身に集めていた村上は、データを駆使した「ＩＤ野球」でヤクルトをリーグ優勝4回、3度の日本一に導いた当時82歳の野村との初対面で極度の緊張状態に置かれていた。

この際に、会話の話題が王貞治の記録したシーズン55ホームランになった時、村上は「(王さんの記録には)手が届きそうにありません」と謙遜した。

その時、野村はすかさずこう切り返したという。

「手が届かないなんてとんでもない！ 同じ人間なんだから。王の記録（55本）なんて破っちゃえ!! とりあえず俺の記録（52本）を破れ（笑）」（TBS NEWS DIG ２０２２年9月7日）

もしもルーキーイヤーの村上と野村との対面が実現せず、こんな会話が交わされていなかったら、２０２２年の偉業達成はもっと遅れていたかもしれない。

メンバーから人望を集めるのは、野村のような「励ますリーダー」である。メンバーを奮い立たせる励ましのメッセージが、眠っていた彼らの潜在能力を表に引き出し、チームに貢献してくれるようになる。

メンバーを奮い立たせるメッセージを！

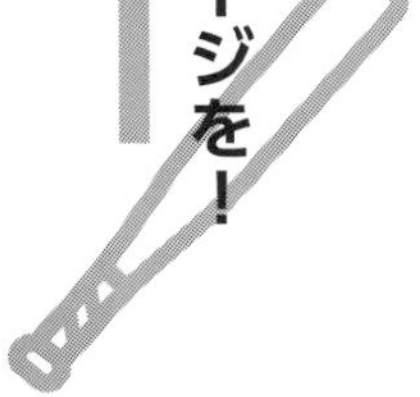

あなたを成長させる〝師匠〟は誰か？

誰よりもストイックに、野球のことをいつも考えている。どうやったら結果が出るか、どうやったら打てるのか。ロサンゼルスの自宅のリビングにもバットが置いてあって、ヒントが浮かんだときにはすぐにバットを握って、素振りをしていた姿が印象に残っています。

（サンスポ　2021年5月27日）

（チームの大先輩・青木宣親への思いについて語った言葉）

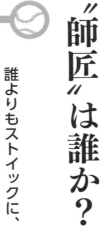

２０２１年５月26日、青木は対日本ハム戦で１回に右前打を放ち、日米通算２５００安打を達成した。他にも、首位打者に三度輝いたことのある青木が村上に教えた最大のテーマは、ストレッチの重要性。入団当初は体が硬かった村上に、柔軟性を取り入れることを勧めたのだ。

現在もシーズン中の試合前には、欠かさず20分以上かけてストレッチを行う村上の習慣は青木のアドバイスによるものだ。

こうして村上はパワーだけでなく、柔軟性も獲得した。このことが彼のバッティングに与えた影響はきわめて大きい。

成功する人は、「自分の才能を開花させてくれる人」を感知する能力に長けている。村上にとっての〝師匠〟青木が、まさにこのような存在だ。ドイツのボン大学のゲルハルト・ブリックル博士によると、ある組織の１３５名の人間を調査したところ、成果を挙げる人間は、そうでない人間よりも、明らかに自分を成長させてくれるキーパーソンを知っていたことが明らかになっている。

あなたも、そんな組織内のキーパーソンを探してみよう。その人のアドバイスに積極的に耳を傾けることは、効率よく成功を手に入れる近道である。

自分の成長を後押ししてくれる人を見つけよう。

一流の人ほど、「謙虚」と「感謝」を忘れない。

いつも嶋さんが試合前の声出しで僕たちに勇気をくれますし、いい雰囲気で試合に入らせてもらってるので、（4連勝は）嶋さんのおかげです。

（Sponichi Annex　2021年9月21日）

（満塁ホームランを打ってチームを勝利に導いた試合後に語った言葉）

２０２１年９月21日の対DeNA戦に勝利したヤクルトは、引き分けを挟んで４連勝を飾る。この試合で村上は36号満塁ホームランを打ってチームを勝利に導いた。試合後のインタビューで、村上は同僚の嶋基宏を右のように称えている。

そして、この試合から１年後の２０２２年10月３日のシーズン最終戦、この試合は、内川聖一・坂口智隆・嶋基宏の引退試合だった。また、村上の日本選手シーズン最多本塁打の記録がかかった最後の試合でもあった。

嶋が最後の打席に立った時、村上はベンチで涙を流していた。嶋が捕手交代でベンチに戻る時も、村上は三塁のポジションで、帽子で顔を隠して泣いていた。

そして、この日、嶋ら引退する選手への〝はなむけ〟ともなる劇的な56号を、最終打席で放つのだった。

私たちは周囲の人たちに支えられて生きている。周囲の人たちの支えがあったから私たちの現在がある。そういう謙虚さを持たなければならない。そのうえで、感謝の思いを素直に周囲の人たちに伝えることを忘れてはならない。

普段から周囲の人たちへの感謝の言葉を絶やさないこと。一流の人たちが普通に行っている小さな習慣の一つである。

周囲の人たちへの感謝の言葉を忘れない。

ダメージからの速やかな「回復」が、いい仕事の条件。

やはり自然が豊かで、水がおいしい。
だから熊本の食べ物はなんでもおいしいと思います。
オフシーズンに熊本に帰ってくるのが楽しみです。

（『気になる！　くまもと』1009号　2022年3月24日）

（地元熊本県でのインタビューで、故郷の魅力について語った言葉）

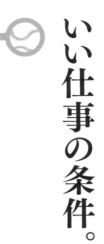

1年のうち9カ月以上、過酷なスケジュールの中で、ストレスに満ち溢れた勝負の世界を生きている村上にとって、オフシーズンに故郷の熊本で過ごす日々は、何よりの癒やしであることだろう。同じインタビューで、村上はこうも語っている。

「家族と自宅でゆっくり過ごすことができました。犬を飼っているのですが、本当にかわいいんです。触れ合っている時が僕にとって最高の癒やし時間です（笑）」（同右）

私をスポーツ心理学の世界に導いてくれた著名な心理学者ジム・レーヤー博士は、「回復」こそ、一流のアスリートになるために不可欠な要素であると主張している。

「スポーツにおいては、エネルギーの消費量が回復を上回ると重大な問題になる。肉体面では、慢性的にエネルギーの〝通帳〟の収支が合わないままだと、筋肉が傷んだり、疲労や故障のもととなる。精神面では、消費と回復が不均衡だと集中できず、問題を解決できなくなり、感情面では反抗癖と燃え尽き症候群という結果を生む」（『スポーツマンのためのメンタル・タフネス』TBSブリタニカ）

ストレスが渦巻く現代社会を生きる私たちにとって、受けたダメージからいかにして回復するかは、喫緊《きっきん》のテーマの一つである。村上のように故郷で癒やされるもよし、あるいはサウナで汗を流すのでもいい。自分だけの特効薬を見つけよう。

「回復」の特効薬を見つけよう。

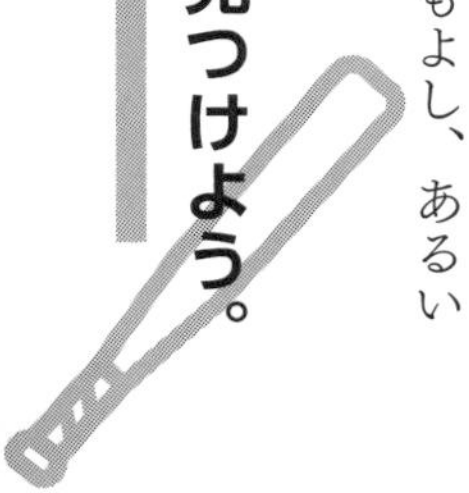

第8章

プロフェッショナルが語る村上宗隆の「ここが凄い！」

「駒型メンバー」より「指し手型メンバー」であれ！

2018年、村上は、僕がちょうど二軍監督に就任したタイミングで入団してきた。入ってきた時からモノが違った。とにかく違った。将来のスワローズの4番に座るのは間違いなく彼であり、二軍ではどんなことがあっても4番から絶対外さない起用方針を固めた。

（『二軍監督の仕事 育った彼らを勝たせたい』光文社）

髙津臣吾（ヤクルト監督）

（村上の起用についての自分の考えを語った言葉）

メンバーにいったんポジションを与えたら、すべてを任せよう。

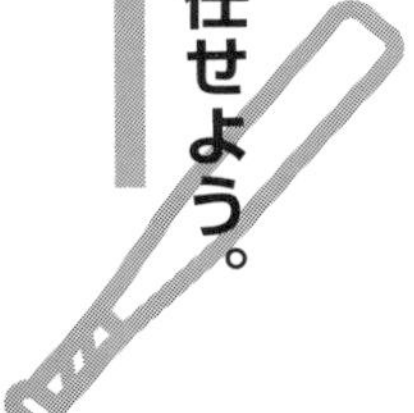

現ヤクルト監督の高津臣吾は、日本のプロ野球、メジャーリーグ、韓国プロ野球、台湾プロ野球の四つの野球リーグを経験した最初の日本人選手である。１９９０年にヤクルトにドラフト３位で入団、１９９３年にストッパーに転向し、チームの日本一に貢献する。プロ野球歴代２位の２８６セーブをうち立てただけでなく、史上２人目となるプロ野球とメジャー通算３００セーブを達成した。２０１４年、ヤクルト一軍投手コーチに就任、２０１７年より二軍監督、２０２０年シーズンからヤクルト第22代監督を務めている。

高津は２０１８年シーズン、村上が一軍のデビュー戦で初打席初ホームランを打ったシーンをテレビで観て異常なまでに興奮し、二軍のコーチ陣とＬＩＮＥで連絡を取りまくったという。右の高津の言葉通り、村上は二軍で４番に定着し、98試合に出場して打率２割８分８厘、17ホームラン、打点70の記録を残した。

高津のように、メンバーにいったんポジションを与えたら、すべてを任せるチームしか勝利できない時代が確実に訪れている。将棋をイメージしてほしい。リーダーの指示でしか動けない「駒型メンバー」ではなく、自立した「指し手型メンバー」のいるチームだけが勝利できる時代が来ているのだ。

人材育成は、「急がば回れ」が正解。

メンタル面では相手に向かっていく気持ちが強く、責任感も抜群だ。
村上自身も、その責任をしっかりと背負ってプレーしていることで、スワローズに「芯」が出来た。

(『一軍監督の仕事 育った彼らを勝たせたい』光文社)

髙津臣吾(ヤクルト監督)

(自らの村上観について語った言葉)

二軍監督時代の高津が、入団1年目の村上を育てる上で参考にしたのが、DeNA（当時）の筒香嘉智の育成法だった。ご存じのように、筒香は日本を代表するスラッガーである。横浜高校から入団して、1年目の２０１０年シーズンにホームラン26本、打点88と、イースタン・リーグで大活躍。すぐに一軍に上がってもよい素晴らしい成績だった。

しかし、彼が一軍に登録されたのは、その年の10月だった。しかも、一軍にしっかりと定着して活躍するのは、入団5年目の２０１４年まで待たなければならなかった。

高津は自らの著書の中でこう語っている。

「筒香のケースを見ると、僕はしっかりと二軍で機会を与えてから昇格させた方がいろいろな意味でいいのではないかと考えている。村上の場合、将来はヤクルトの4番を打ってもらわなければならないから、２０１８年のように少しずつ一軍を経験しつつ、一軍と相談しながらレギュラーとして定着できるタイミングで送り出したい」（『二軍監督の仕事 育てるためなら負けてもいい』光文社）

何事も「急がば回れ」である。中国の兵法書『孫子』に、「拙速《せっそく》は巧遅《こうち》に勝る」という格言が出てくるが、これもケースバイケースで、少なくとも将来有望なメンバーを育てる時には、過ぎたる「拙速」は考えものなのである。

スピードや効率重視では優秀な人材は育たない。

清原VS.村上。軍配はどちらに？

彼を初めて見たのが神宮の室内で、彼がまだ2年目ぐらいだったんですかね、その時に「若手で体の大きい子がいるな」と思って。ティー打撃の姿を見て、スイングが速かったし、「あれ誰かな？」と聞いたら、「あれは村上ですよ」と言われ、「ああ、あの子」という感じでした。

（FNNプライムオンライン　2021年9月24日）

清原和博（元プロ野球選手）

（初めて村上のスイングを見た時の感想を語った言葉）

清原と村上。二人のスラッガーの間には、どんな違いと共通点があるのか。

清原は１９８６年に西武に入団。そのルーキーイヤーは華々しかった。最終的に、打率３割４厘、本塁打31本、打点78で、みごとその年の新人王に選出される。打率と本塁打と打点は当時の高卒新人の歴代最高記録であり、本塁打にいたっては、新人選手の２桁本塁打は27年ぶり、５人目の快挙だった。

一方の村上の入団1年目は、シーズンのほとんどを二軍で過ごしたため、両者を比べるのが難しい。そこで、清原の入団1年目からの4年間と、村上が一軍に本格参戦した入団2年目から5年目までの4年間の成績を通算して比較するとどうなるか。

清原は、打率２割８分３厘、本塁打１２６本、打点３３０。村上は、打率２割８分２厘、本塁打１５９本、打点４２８。打率はほぼ同じだが、試合数を考慮しても本塁打と打点は村上に軍配が上がる。

いずれにしても、両者の一番の「売り」は豪快な本塁打だろう。スポーツ界に限らず、私たちが評価されるのは、常に一番目であって、二番目以降は顧みられることがない。

自分の一番の「売り」を冷静に分析・評価して、それをさらに磨き上げる時間をたっぷり確保しよう。なぜならそれが、将来のキャリアアップの最大の武器になるからだ。

自分の一番の「売り」を磨き上げる。

最強!「持論系モチベーション」。

そこが凄いところでもあるよね。自分で考えて行動したんだから。
よく考えているから、常にクエスチョンがある。
どうしたらこうなるんだろう、こうやってみようかな、
わからなかったら聞こうかなという。だから、成長速度が段違いで速い。

(『証言 村上宗隆 若き天才スラッガーの真実』 宝島社)

宮本慎也(元ヤクルトヘッドコーチ)

(村上の野球に取り組む姿勢について語った言葉)

現在は辛口評論家として知られる宮本慎也だが、村上がデビューしてからの2年間、ヤクルトのヘッドコーチを務めていた。そんな彼が、村上の打撃フォーム改造に対する姿勢を、右のような言葉で評価している。

モチベーションには3種類ある。「希望系モチベーション」、「緊張系モチベーション」、「持論系モチベーション」である。

「夢を実現したい！」というのが「希望系モチベーション」。しかし、残念ながら、モチベーションとしては弱い。夢を描くだけなら誰にでもできる。問題はそのあとで、次に行動を伴わないと簡単に挫折してしまう。

自分を追い込む状況をつくり出して実行するのが「緊張系モチベーション」。強力なモチベーションであり、仕事や勉強において威力を発揮する。勉強の一夜漬けはその典型例である。

徹底して自分の理論を貫こうとするのが「持論系モチベーション」だ。持論を確立しているので、こだわりを持って目の前の仕事にのめり込むことができる。これこそ三つの中では、最強のモチベーションである。当時の宮本は、村上の自分で考えて行動する「持論系モチベーション」を高く評価していたのである。

自分の頭で考え、こだわりを持って行動しよう。

ファンを熱狂させるアスリートはここが違う。

あのチェンジアップを左中間に打てる選手はムネしかいないでしょう。あの1点がなかったらわからなかったし、さすがだなと。いい選手は、ここぞという場面で打つ。安打ではなく、一発を打てるところが天性のホームラン・アーティストだと感じます。

（『証言 村上宗隆 若き天才スラッガーの真実』宝島社）

稲葉篤紀（東京五輪 野球日本代表監督）

（東京五輪の決勝、対アメリカ戦を思い出しながら語った言葉）

２０２１年８月７日、この日アメリカと東京五輪の決勝が行われ、３回１死、日本代表最年少の21歳の村上がマルティネスの投じた外寄りチェンジアップを完璧にとらえた。横浜の夜空に舞い上がった打球は、左中間のスタンドに飛び込んでいった。

「ちょっと重たい空気だったんですけど、あの一発で少しこっちに流れが来た」（西日本スポーツ　２０２１年８月８日）と稲葉監督も振り返ったこの一発は、村上にとっての五輪初アーチであり、結果的にこれがチームにとって値千金の決勝弾となった。日本は米国に２－０で勝利し、みごと37年ぶりの金メダルに輝いた。

「ここぞという場面」で期待に応えるのが、スーパースターがスーパースターと呼ばれる所以《ゆえん》である。村上がまさにそうだし、かつてはＮＢＡのマイケル・ジョーダン、最近の大谷翔平など、ファンを熱狂させるトップアスリートに共通している。

なぜ、そんなことができてしまうのか。それを可能にしているのが、プレッシャーをパワーに変える天性の資質だ。彼らは、強いプレッシャーがかかってきた時、いい仕事ができる前兆と前向きにとらえる。それだけでなく、「ここぞという場面」に今自分がいることを喜ぶのである。

「ここぞという場面」にいることを楽しもう。

嫌なことも、「事実」として受け止めることから始めよう。

17歳でプロに入って
10個上、20個上の先輩を押しのけていかないといけない。
そして最終的には日本代表チームのトップチーム。
一番上の日の丸をつけなさい、と。そのためには「臥薪嘗胆」だ。

（サンスポ　2021年6月17日）

坂井宏安（前・九州学院高校野球部監督）

（村上に座右の銘を贈ったことについて語った言葉）

村上の座右の銘は「臥薪嘗胆《がしんしょうたん》」である。「将来の成功に期待して、今の苦労を耐え忍ぶ」という意味の四字熟語だ。これを村上に教えてくれたのは、九州学院高校野球部の坂井宏安監督（当時）である。

九州では強打者として知られていた村上も、全国レベルでは同級生の早稲田実業・清宮幸太郎（現・日本ハム）、履正社・安田尚憲（現・ロッテ）、広陵・中村奨成（現・広島）らの陰に隠れていた。18歳以下の日本代表チームメンバーに村上が選ばれることはなかった。

楽観主義者とは、「よくない事実をありのままに受け止めて、そこからの打開策に最善を尽くせる人」のことをいう。そして、悲観主義者とは、「よくないことに過剰反応して、何の打開策も打たない人」である。

では、「臥薪嘗胆」を座右の銘にする人はどうかと言えば、私は楽観主義者だと考えている。「よくない事実をありのままに受け止め」てこそ、今の苦労を耐え忍ぶことができるからだ。

楽観主義者の仲間入りをしたかったら、まず事実をありのままに受け入れることから始めよう。チャンスの時は必ずやって来る。「臥薪嘗胆」の時でも、モチベーションを落とさず我慢して踏ん張る。これができてこそ真のプロフェッショナルなのである。

苦難の時に持ちたい「臥薪嘗胆」の精神。

劣等感が「向上心」に火をつける。

同学年なのでどれだけ打っても、どれだけ頑張っても上に村上がいてくれるので、やっぱり全然こんなんじゃ満足できない。常に自分にムチを打ってくれる存在です。アイツがいてくれるからもっと高みを目指せると思います。

（Number Web　2022年10月3日）

清宮幸太郎（日本ハムファイターズ）

（2本のホームランを打って勝利に貢献した試合後に語った言葉）

実は、早稲田実業出身の清宮と九州学院出身の村上は、高校時代に練習試合を年に一度する機会があり、当時捕手をしていた村上は、清宮についてある対談で、「(清宮が)一番すごかった。(いつかは抜いてやろうという)気持ちはありました」と語っている。

当時、清宮は村上の上にいた。「なんとしても清宮を追い越したい!」という思いが、高校時代の村上の向上心に火をつけたことは間違いないだろう。

プロ入り後、両者の立場は逆転。今では、村上が清宮の上にいる。2021年シーズン、五輪開催のため、プロ野球はしばらく中断された。

清宮は野球日本代表チームのゲームをテレビで観戦しながら声援を送っていた。そして、決勝戦で村上が先制ホームランを打ってアメリカチームに勝利すると、LINEで村上にお祝いのメッセージを送ったという。

著名な精神分析学者アドラーは「劣等感がその人間の才能を開花させる源泉である」と語っている。「才能の欠如」がその人間を奮い立たせ、それを克服するための行動を取らせるのだ。

アドラーの考える「劣等感」とは?

劣等感を味方につける方法は簡単である。まず、自分の仕事上のハンディや欠如しているスキルを紙に書き出して客観化する。その上で、克服するための行動を起こすのだ。

「覚悟」は、「能力」や「技術」に勝《まさ》る。

能力も技術もすごいけど、一番感動したのは打席に入ってる時の頭の中。表現しづらいけど、打たなきゃいけない時に打者はいろんなことするんですけど、そこの覚悟というか、考え方のそれはちょっと本当にすごかったです。

（スポーツ報知　2022年11月30日）

栗山英樹（野球日本代表 侍ジャパン監督）

（村上の凄さについて語った言葉）

２０２２年11月のあるイベントで、栗山英樹・侍ジャパン監督と髙津臣吾・ヤクルト監督の共演が実現した。右ページの言葉はその時の栗山監督の発言である。

これを受けて髙津監督は村上についてこう語っている。

「４番なので相手にプレッシャーをかけたりとか、打てなくても空振りしてもちょっと嫌だなと思わせることもすごく大事なことだと思うので、それができるようになってきたのが今のムネなのかなと。相手も嫌がっていると思いますし、空振りしても嫌だなと思われる選手になってきたのかなと思います」（ニッポン放送ショウアップナイター　２０２２年12月２日）

日本のプロ野球では、ストライクとは「ピッチャーが投げるある領域」のことをいう。一方、メジャーでは、「バッターが必ずバットを振らなければならない領域」をさす。

日本のプロ野球では、微妙なストライクなら、見送って四球で塁に出ることを優先させるが、メジャーは違う。その場合、バッターはバットを「振らなければならない」。それが、メジャーの暗黙のルールなのだ。

栗山の言う村上の「覚悟」とは、「ストライクゾーンに球が来たら、バットを思い切り振るぞ」という覚悟にほかならない。彼はすでに〝メジャー級〟なのである。

プロ野球とメジャーでは「ストライク」の意味が違う？

「画像記憶」は脳の最高レベルの機能。

単純な数字しか知らないので、
もちろん素晴らしいことだと思いますし、もっともっと打てるように。
あと何試合あるかちょっと分からないですけど、
1本でも多く打って欲しいなと思います。

（Full-Count　2022年9月18日）

大谷翔平（ロサンゼルス・エンゼルス）

（2022年9月17日の試合後、村上への期待を込めて語った言葉）

村上の最重要の課題の一つは、速球を打てないという弱点の克服だった。2019年と2020年のシーズン、村上は150キロ以上の速球の打率はわずか1割台。それが2021年シーズンは2割4分3厘まで改善された。

その克服のヒントを与えたのが大谷翔平だ。村上は大谷翔平研究でも知られ、同じ左バッターでもあり、頻繁に大谷の動画を観る習慣が身についている。

村上はある時、自分のスイングと大谷のスイングに、小さな動きの違いがあることに気づく。村上は打ちにいく時に右足で踏み込むと、軸足である左足はその位置で回転する。一方、大谷の場合、右足を踏み込む時に左足をわずかに引き、後ろに戻る。この一瞬の違いを村上は見逃さなかった。

これをヒントにスイングすることを学んでから、速球で差し込まれても、レフトに流し打ちができるようになったという。

多くの人たちが脳の持つ最高レベルの機能の一つである「画像記憶」のパワーを過小評価している。テーマを絞り込んでお手本の画像を繰り返し観察することにより、その動きを簡単に自分のものにすることができる。もちろんこれは野球だけでなく、他のスポーツにも立派に応用できる。

お手本の動画を観察する習慣を身につけよう。

「60%」の確率で、できるくらいがちょうどいい。

同じ本塁打でも、普通の「ナイス」という程度と、「凄いな」と思わせるものは、ファンの方が見ても全然違うわけですよ。そういう本塁打を打てるようじゃないと、本数もなかなか打てないと思います。（中略）この前もアウトコースのスライダーを打ったところを見ましたが、投手は神経を使います。

（『証言 村上宗隆 若き天才スラッガーの真実』宝島社）

王貞治（福岡ソフトバンクホークス会長）

（村上の凄さについて語った言葉）

２０２２年シーズン、村上は王貞治が持つ日本選手最多本塁打記録を破った。日本中が驚異の22歳に賛辞を贈ったが、そもそもそんなに驚くべきことだったのだろうか。

王と村上のプロ入団5年間のホームランを比較してみよう。まず王の入団1年目の１９５９年シーズンからの5年間のホームラン数は、それぞれ7本、17本、13本、38本、40本の計１１５本である。

一方、村上の２０１８年からの5年間のホームラン数は、1本、36本、28本、39本、56本の計１６０本。明らかに村上のペースのほうが勝っている。55号超えは、決して高すぎるハードルではなかったのだ。

私たちが掲げる目標は、高すぎても低すぎてもいけない。目標達成確率60％が私たちを本気にさせる。

ハーバード大学のデビッド・マクレランド博士が「輪投げ」で実験した結果、5回のうち3回の確率で入るような距離に的を置いたグループがもっとも真剣に輪投げに取り組んだ。確率が60％くらいでちょうどよいのだ。

村上にとっての55号超えは、この60％の範囲内だったのかもしれない。王に「凄い」と言わしめた村上は、やはり凄い存在なのである。

一番やる気が出る成功確率とは？

「先輩超え」という究極のモチベーション。

王（貞治氏）ともそんな話したんだけど「狙ってない」って言うんだよ。日本で一番ホームランを打ってる王でも狙ったことないって言うんだから。自分を信じて。自分のバッティングをすれば勝手に（打球は）飛ぶんだから。その体で証明できる。王を凌ぐバッターになってください。

（TBS NEWS DIG 2022年9月7日）

野村克也（元プロ野球監督）

（王と村上が、ともにホームランを「狙ってない」と答えたことに触れて）

２０１８年2月のキャンプで、野村克也が村上と初めて対面した時に、「ホームランは狙ってるの？」と聞くと、村上は「狙ってないです」と答えた。その発言を受けて、野村は右ページのように応じた。同じホームランバッターとして、野村は村上の言葉に、王と同じような才能、あるいはそれを上回る何かを直感したのではないか。

野村は、村上にとって「偉大な先輩」であるだけでなく、ホームランバッターとしての目標でもあった。２０２２年9月6日の対阪神戦。村上は6回にソロホームランを放ち、野村克也（63年）と落合博満（85年）が記録したシーズン52ホームランに並んだ。

その3日後の9月9日、村上は2回に先制の53号ソロホームランを打ち、野村と落合の記録を上回った。これで日本人単独2位となり、大記録達成も視野に入ってきた。

試合後、53号のホームランボールはバックスクリーンから回収され、村上は「（このボールを）野村克也さんに差し上げたいと思います」と、しんみりと話した。野村は、すでに2年前に亡くなっていた。

野村の記録を超えたことで、村上には万感の思いがあったに違いない。尊敬する「偉大な先輩」を超える。こんな目標が、モチベーションの起爆剤になってくれる。

「偉大な先輩」が、あなたのやる気に火をつける。

「進化」の手応えを「快感」にする。

（春先とは）違ってきた。あそこまで堂々と打席に立っているという姿は春先はなかっただけにね、それが数字とともに自信になって、体の表現として出てきたんだろうと思う。まあ数字が残せなくて、あの形でというのはなかなか難しいのであって、数字がなせる業《わざ》ですよ。

（Sponichi Annex　2022年8月23日）

落合博満（元中日ドラゴンズ監督）

（2022年8月に村上のバッティングについて語った言葉）

落合は三冠王を史上最多の三度達成したことのある日本球界を代表する強打者の一人である。また、中日を四度リーグ優勝に導いた優れた指導者でもあった。

選手を見極める目に定評のある落合だが、２０２２年の春先には、「(村上は)まだ実績としてそんなにあるわけじゃない」と語っていた。

しかし、交流戦後には、「そこ（４番）に居座れるバッターっていうのは力があるっていうこと」というコメントに変わった。着実に進化を遂げていく姿に、さすがの落合も太鼓判を押すようになったのだ。

落合が初めて三冠王のタイトルを獲得したのは、１９８２年、28歳の時である。村上の三冠王への挑戦についても、落合は熱いエールを送っている。

「22歳での三冠王、見てみたいね。記録が破られるごとに、(自分も含めた)過去の選手の名前が出てくるということは喜ばしいこと」(同右)

村上は、高いレベルの「進化欲求」の持ち主である。「昨日の自分よりも進化した今日の自分」、そして「今日の自分よりも進化した明日の自分」になることを強く望んでいる。その手応えを快感とし、自らの才能を高める鍛錬を、日々愚直に積み重ねているのだ。

「進化欲求」を心の中に育てよう。

「基本のフォーム」が実戦で何よりものをいう。

二冠は多いですが、三冠となると運もタイミングもある。前後の打者の活躍もポイントです。僕のときは3番・井口資仁、5番・城島健司。前の打者が塁に出ると打点が増え、さらに後ろの打者が強ければ強いほど、相手バッテリーは4番と勝負をせざるを得ない。そういう環境が整っている打線が今季のヤクルト。

（『証言 村上宗隆 若き天才スラッガーの真実』宝島社）

松中信彦（元福岡ソフトバンクホークス）

（三冠王が取れる条件について語った言葉）

松中信彦は、ホークス一筋に19年間在籍し、プロ通算の成績は、1780試合出場、打率2割9分6厘、352本塁打、1168打点を誇る。2004年シーズンに打率3割5分8厘、44本塁打、120打点で、三冠王のタイトルを獲得した。

2022年のシーズン前に、松中は村上の三冠王獲得について、「環境が整っている」と評した。さらに、彼は、村上のバッティングフォームを見て、その長所をこう語っている。

「右肘をしっかり張ってトップをつくった状態で構えています。この段階ですでに体をひねってあるので右足を上げる動作だけで左足に体重が乗る。無駄な動きがなくなってミスショットが少なくなった。これが一番の長所だと思います」(同右)

村上の打撃理論はいたってシンプルである。徹底的に反復練習を積み重ねてフォームを固めて、そのフォームを維持しながらボールを打ち、それを実戦で試してみる。まずは、何事も基本のフォームありきなのである。

村上のような「三冠王のフォーム」を身につければ、結果はあとからついてくる。どんな難局も突破できる。これこそ一流の人間が行っている仕事の王道である。

基本的なスキルの鍛錬を積み重ねよう。

情報化社会で「真の知識」を身につけるには？

何か知識を得た時に、
それが自分に合っているかどうかを判断できる人はそんなにいない。
村上はそれができる。その選択する力は素晴らしいと思います。

（『証言　村上宗隆　若き天才スラッガーの真実』宝島社）

上田剛史（元プロ野球選手）

（村上の野球に取り組む姿勢について語った言葉）

上田は村上より11学年上のヤクルトに在籍した元プロ野球選手であり、現在の村上の成長に大きな影響を与えた選手の一人である。彼は、元メジャーリーガーの青木宣親が主宰する米ロサンゼルスでの自主トレ「青木塾」に長年参加していた。村上が2年目のシーズン前から「青木塾」に参加するようになったのは、上田の影響も大きい。

自主トレにおける村上について、上田はこう語っている。

「村上は〝何でも吸収します！〟みたいな感じでした。とにかく早く一軍で活躍したいから、青木さんの行動や考え方をすべて吸収していこうという姿勢。練習後に帰宅しても、プールサイドでめちゃくちゃ素振りをしていましたね」（同右）

知識は、言語化できる「形式知」と言語化が困難な「暗黙知」とに大きく分けられる。相手キャッチャーの配球の組み立て方の癖などは形式知、ピッチングにおけるスライダーを投げる腕の動きなどは典型的な暗黙知といえるだろう。

プロスポーツの世界では、こうした2種類の知識の吸収がマストであり、その点においても村上は貪欲であると上田は言っている。形式知と暗黙知を武器に、村上の進化は今後も止まることはないだろう。

どんな「知識」も吸収する貪欲さを持とう。

技術の向上のために「道具」を極める。

一般的に高卒1年目の選手なら、どうしたらいいでしょうか、と私に聞いてくるところから会話が始まることが多いのですが、村上選手は違いました。僕はこうしたい、ああしたい、だからバットはどんなふうにしたらよいですか、と積極的に聞いてくるんです。しっかりと自分の意見を持ち、向上心、探究心、そういったものを強く感じました。

（スポーツマガジン11月号『村上宗隆 日本選手最多56本塁打&三冠王達成記念号』ベースボール・マガジン社）

名和民夫《なわたみお》（ミズノテクニクスのバット職人）

（村上のバットへのこだわりについて語った言葉）

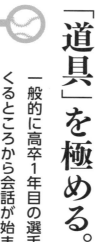

村上のバットへのこだわりは、はんぱではない。そのことをよく知るのが、イチローや宮本慎也などのバットを手がけたことで知られるバット職人の名和民夫である。名和は、プロ1年目から村上のバットを手がけている。

2018年11月、村上は名和の勤務するミズノテクニクスの工場を初めて訪れた。そして、長さや重さ、グリップの厚みなどに細かい注文を出したという。名和は、村上の新人らしからぬバットへの強いこだわりに驚いた。

翌2019年1月に青木宣親と合同自主トレを実施した際、村上は青木のバットを1本譲り受け、これに惚れ込んだ。名和は語る。

「青木選手のバットがしっくりきたようで、『このバットを元につくってください』と依頼があった。今も青木型が原型です。定説では、長距離打者のバットは長くて、ヘッドが太くグリップが細い。しかし、村上選手のバットは短くてグリップが太い。イチローさんのバットに近い、アベレージヒッターのバットです」（週刊朝日　2022年11月4日号）

どんな分野でも一流の人間ほど道具へのこだわりが強い。この道具へのの飽くなきこだわりが、村上のバッティング技術向上を強烈に後押ししている。

プロなら「道具」への飽くなきこだわりを持とう。

◉ 主な表彰

新人王	2019年
ベストナイン	2020、2021、2022年
最優秀選手	2021、2022年
正力松太郎賞	2022年 ※特別賞
コミッショナー特別表彰	2022年 ※特別賞
セ・パ交流戦・最優秀選手賞	2022年
オールスターゲーム・マイナビ賞	2022年 ※第2戦

◉ 年度別打撃成績順位

年度	年齢	打率	本塁打	打点	盗塁	安打	出塁率
2018	18						
2019	19		3位	3位			
2020	20	5位	2位	2位		5位	1位
2021	21		1位	2位			2位
2022	22	1位	1位	1位		4位	1位

（セ・リーグ／5位以内）

打点	盗塁	犠打	犠飛	四球	敬遠	死球	三振	打率
2	0	0	0	2	0	0	5	.083
96	5	0	3	74	5	5	184	.231
86	11	0	1	87	12	3	115	.307
112	12	0	3	106	6	6	133	.278
134	12	0	0	118	25	7	128	.318
430	40	0	7	387	48	21	565	.281

※Wikipedia等を参考に作成

■ 村上宗隆のプロフィールと主な成績

◉ 基本データ

所属球団	東京ヤクルトスワローズ
ポジション	内野手
投球打席	右投左打
身長／体重	188cm／97kg
出身地	熊本県熊本市東区
生年月日	2000年2月2日
出身校	九州学院高等学校
ドラフト	2017年ドラフト1位

◉ タイトル

首位打者	2022年
本塁打王	2021、2022年
打点王	2022年
最高出塁率	2020、2022年

◉ 年度別打撃成績

年度	球団	試合	打席	打数	得点	安打	二塁打	三塁打	本塁打
2018	ヤクルト	6	14	12	1	1	0	0	
2019		143	593	511	76	118	20	0	36
2020		120	515	424	70	130	30	2	28
2021		143	615	500	82	139	27	0	39
2022		141	612	487	114	155	21	1	56
通算		553	2349	1934	343	543	98	3	160

■主な参考文献・引用資料

◉『目標は小さければ小さいほどいい』児玉光雄著（河出書房新社）

◉『すぐやる力　やり抜く力』児玉光雄著（三笠書房）

◉『究極の鍛錬』ジョフ・コルヴァン著（サンマーク出版）

◉『「不安」があなたを強くする』内藤誼人著（廣済堂出版）

◉『「努力」が報われる人の心理学』内藤誼人著（ＰＨＰ研究所）

◉『証言 村上宗隆 若き天才スラッガーの真実』（宝島社）

◉スポーツマガジン11月号『村上宗隆 日本選手最多56本塁打&三冠王達成記念号』（ベースボール・マガジン社）

◉『一軍監督の仕事 育った彼らを勝たせたい』高津臣吾著（光文社）

◉『二軍監督の仕事 育てるためなら負けてもいい』高津臣吾著（光文社）

◉『日本男児』長友佑都著（ポプラ社）

◉『働くみんなのモティベーション論』金井壽宏著（ＮＴＴ出版）

◉『精神科医が見つけた3つの幸福　最新科学から最高の人生をつくる方法』樺沢紫苑著（飛鳥新社）
◉『仕事と幸福、そして、人生について』ジョシュア・ハルバースタム著（ディスカヴァー・トゥエンティワン）
◉『ポジティブな人だけがうまくいく3：1の法則』バーバラ・フレドリクソン著（日本実業出版社）
◉『やり抜く力』アンジェラ・ダックワース著（ダイヤモンド社）
◉『ポジティブ心理学入門』クリストファー・ピーターソン著（春秋社）
◉『マインドセット「やればできる！」の研究』キャロル・S・ドゥエック著（草思社）
◉『スポーツマンのためのメンタル・タフネス』ジム・レーヤー著（TBSブリタニカ）
◉『運のいい人の法則』リチャード・ワイズマン著（KADOKAWA）
◉日本経済新聞
◉朝日新聞 DIGITAL

◉ニッカンスポーツ・コム
◉サンスポ
◉デイリースポーツonline
◉Sponichi Annex
◉スポーツ報知
◉週刊朝日
◉西日本スポーツ
◉週刊ベースボールONLINE
◉ニッポン放送 ショウアップナイター
◉NHKスポーツ
◉NHKニュース
◉日本テレビ Going! Sports&News
◉テレビ東京スポーツ
◉JERAセントラルリーグホームページ2021

◉熊本県公式ホームページ『気になる！くまもと』
◉上田剛史 YouTube『プロ野球選手対談　村上宗隆選手編①』
◉マイナビニュース
◉NHK NEWS WEB
◉TBS NEWS DIG
◉Number Web
◉web Sportiva
◉Full-Count
◉ＦＮＮプライムオンライン
◉文春オンライン
◉BASEBALL KING
◉TOWNWORK マガジン
◉Wikipedia

以上

児玉光雄（こだま・みつお）

1947年兵庫県出身。追手門学院大学特別顧問。元鹿屋体育大学教授。京都大学工学部卒業。学生時代はテニスプレーヤーとして活躍し、全日本選手権にも出場。卒業後10年間、住友電気工業研究開発本部に勤務。企業内留学制度により、カリフォルニア大学ロサンゼルス校（UCLA）大学院に学び、工学修士号を取得。その後独立し、米国五輪委員会スポーツ科学部門の客員研究員として、米国五輪選手のデータ分析に従事。過去30年以上にわたり、臨床スポーツ心理学者として、ゴルフ・テニスを中心に、数多くのプロスポーツ選手のメンタルカウンセラーを務める。また右脳活性プログラムのトレーナーとして、受験雑誌や大手学習塾に右脳活性トレーニングを提供するとともに、過去1000回以上のビジネスセミナーの講師を務める。著書は10万部以上のベストセラーになった『この一言が人生を変える イチロー思考』（知的生きかた文庫）をはじめ、『大谷翔平 勇気をくれるメッセージ 80』（三笠書房）、『頭がよくなる！「両利き」のすすめ』（アスコム）など250冊以上。日本スポーツ心理学会会員。

■ホームページ　http://www.m-kodama.com

■Facebook　http://www.facebook.com/mitsuo.kodama.9

突出力《とつしゆつりよく》 村上宗隆《むらかみむねたか》に学《まな》ぶ「自分《じぶん》の限界《げんかい》」の超《こ》え方《かた》

2023年3月18日　第１刷発行

著　者　児玉光雄《こだまみつお》

発行者　島野浩二

発行所　株式会社双葉社

〒162-8540 東京都新宿区東五軒町3番28号

☎(03)5261-4818(営業)　☎(03)5261-4869(編集)

http://www.futabasha.co.jp/

（双葉社の書籍・コミック・ムックがご購入いただけます）

印刷・製本所　中央精版印刷株式会社

ISBN978-4-575-31785-5 C0095